M E D I A T I O N

調停にかかわる人にも役立つ
メディエーション入門

監修：
和田仁孝 *Yoshitaka Wada*
早稲田大学大学院法務研究科教授

著者：
一般社団法人メディエーターズ
安藤信明 *Nobuaki Ando*　　**田中圭子** *Keiko Tanaka*

弘文堂

監修のことば

　ADR 法制定前後に、海外のメディエーション・モデルを導入し、トレーニングを行うことが一種のブームのようになった時期があった。現在、そうした「熱」は過ぎ去ったようにも思われるが、実際には、むしろ落ち着いたやり方で、わが国の紛争解決システムの中に、どのように組み入れるのが機能的かを考えていく段階に達したものと思われる。

　実際、医療の領域のようにメディエーションの理念が広く普及してきた領域もあるし、法的紛争解決のシステムの中でも、部分的であれ、理念的であれ、無視できない1つのアプローチとして理解されるようになっている。日本社会における人々の関係性の変容や、その意識・行動の変化に伴って、今後、メディエーション・モデルの適応範囲は、日本の修正を受けつつ拡大していくと思われる。

　ところが、こうした影響を及ぼしながら、これまでまとまった形のテキストは、医療の領域やレビン久子氏の著作を除き、ほとんどなかった。本書は、この間隙を埋め、メディエーションについての分かりやすい見取り図を提供してくれるものである。今後のメディエーション理念の浸透と普及のためのひとつのきっかけとなれば幸いである。

　2015 年 5 月

和田　仁孝

はじめに

　司法制度改革の議論の中で、ADR が検討され始めたときに、私たちは、ADR のひとつである対話による紛争解決-メディエーションについての勉強を始め、わが国でもメディエーションを実践していきたいと考えて、特定非営利活動法人日本メディエーションセンターを有志で設立し、2013 年、より実践的な組織として、「Well-being な社会を目指して」を活動理念とした一般社団法人メディエーターズを設立して活動を続けています。

　裁判外紛争解決手続の利用の促進に関する法律（ADR 法）が施行され、多くの認証紛争解決機関が誕生しました。それらの中には、メディエーションの考え方を取り入れている機関もあり、少しずつ広まってきたメディエーションですが、まだ一般的には紛争解決方法として選択されることは多くありません。メディエーションをより実践的なものにしていくには、メディエーションの理論を理解して、その理論に基づいた実務を定着させることが必要です。

　一方で、わが国には、裁判所による民事調停制度、家事調停制度があり、話合いによる紛争解決が数多く行われています。そこにあえて、欧米で発達してきたメディエーションを取り入れることが必要なのかとお感じになる方もいるのではないかと思います。

　私たちはこれまでの活動を通じ、メディエーションと調停との違いを明確にし、単に調停との差別化をはかるだけでなく、メディエーションも調停も多様な紛争解決方法のひとつとして連携していくことが、メディエーションをより利用しやすいものとして広げていくために必要なことであると考えています。

　裁判所の調停とメディエーションは、単に言葉として違うだけでなく、方法においても違うものです。何がどのように違うのかを明確にした上で、メディエーションの理念や方法について紹介することで、調停にかかわる方たちの疑問に答え、さらに、メディエーショ

ンの考え方を調停の実務に取り入れることで、さらに当事者が満足する紛争解決ができないかを考え、提案するというのが本書の企画意図です。

　司法制度改革の議論において、調停に対する批判の声が多くありました。それらの調停に対する批判を真摯に受け止め、調停に不足する部分があるとすれば、それをどのように補えば良いのかを考えることも調停に携わる人の役目ではないでしょうか。

　対立や紛争の多くは、双方の見方が異なったり、意見が食い違ったりしていることから発生するコミュニケーションの負の連鎖や断絶に起因するものです。そのコミュニケーションの後ろ向きの連鎖を前向きな方向に持っていくことが大切であるにもかかわらず、対立当事者間ではそれが難しいだけでなく、第三者の関わり方によっては回復するどころか、余計に激昂させてしまうのが対立の大きな特徴です。紛争解決の場におけるコミュニケーションの役割について考えながら、お読みいただければ、調停にかかわるみなさんのお役に立てるのではないかと思います。

　なお、本書で扱われている事例は私たちが経験した事例を元に、当事者の気持ちや状況をイメージして作成した事例であり、実際の事例そのものではありません。

　本書執筆にあたり、メディエーターズを応援し、いつも支えてくださっている皆様に心からお礼申し上げます。

　2015年5月

　　　　　　　　　　　　　　　一般社団法人　メディエーターズ
　　　　　　　　　　　　　　　　　代表理事　安藤　信明
　　　　　　　　　　　　　　　　　代表理事　田中　圭子

CONTENTS

監修のことば………… i
はじめに………… ii

イントロダクション………… 1

第1章
民事調停、家事調停とメディエーション

1 メディエーションの考え方………… 4
　(1) メディエーションをめぐるわが国の状況（4）
　(2) メディエーションとカウンセリング（6）
2 調停とメディエーションの違い………… 7
　(1) 調停の開始から終了まで（7）
　(2) メディエーションの開始から終了まで（9）
　(3) コミュニケーションという視点での同席と別席の違い（10）
　(4) 調停委員とメディエーターの育成（12）
3 メディエーションの具体的な方法………… 14
4 メディエーションの理論………… 20
　(1) 対話促進-問題解決モデル（ファシリテーティブ・モデル）（20）
　(2) 認知変容-自己決定モデル（トランスフォーマティブ・モデル）（25）
　(3) 対話促進-問題解決モデル（ファシリテーティブ・モデル）と
　　　認知変容-自己決定モデル（トランスフォーマティブ・モデル）で
　　　表面的に類似するスキルの考え方（34）
　(4) その他（37）
5 わが国におけるメディエーションの活用方法………… 40
　(1) メディエーション利用の現状（40）

(2) 諸外国との比較において（40）
　　(3) 民間のメディエーション機関におけるメディエーションの活用（42）
　　(4) 裁判所の調停の場での活用（45）
　　(5) 法律家の実務として（47）
　　(6) 今後の活用上の課題（49）
　〖 Q & A 〗……51

第2章
調停者・メディエーターのための実践方法

1 メディエーターに必要なもの……62
　　(1) 総論（64）
　　(2) 対話促進-問題解決モデル（ファシリテーティブ・モデル）（70）
　　(3) 認知変容-自己決定モデル（トランスフォーマティブ・モデル）（74）
2 メディエーターの倫理・行動規範……77
　　〖対話促進-問題解決モデル（ファシリテーティブ・モデル）対話例〗……83
　　〖自己決定-認知変容モデル（トランスフォーマティブ・モデル）対話例〗……102
　〖 Q & A 〗……121

第3章
調停・メディエーションにおける代理人のあり方

1 訴訟、調停、メディエーションの代理人の役割の違い……141
2 メディエーションの代理と調停の代理……149
3 調停の代理に関する事例を考える……153
4 事例からの学び……160
5 メディエーションの代理計画（対話促進-問題解決モデル）……163
　　(1) メディエーションの代理の三角形（164）

(2) 代理計画に必要なもの（164）
　　(3) 6つの重要な役割（165）
　　(4) 交渉のアプローチ（167）
6　調停の代理人の養成…………168
7　メディエーションの代理人の養成…………170
〚Q＆A〛…………173

巻末　事項索引

〚Q＆A 項目一覧〛

第1章 民事調停、家事調停とメディエーション

Q わが国にメディエーションはどの分野で導入されているのでしょうか？(51)
Q メディエーションと調停の違いをもう少し詳しく教えて下さい。(52)
Q メディエーション、ファシリテーション、カウンセリングの違いは何ですか？(57)
Q メディエーションが最も効果的であるのはどんなときでしょう？(58)

第2章 調停者・メディエーターのための実践方法

Q 話合い前の段階で必要なことは何ですか？(121)
Q 話合いの準備の段階で、メディエーターが両当事者に接する上で大事にするべきことは何ですか？(121)
Q メディエーションのスキルで大事なスキルは何ですか？(124)
Q 複数のメディエーターがメディエーションに参加することの長所と短所を教えて下さい。(125)
Q 和解が成立し、合意書を交換しましたが、帰宅後、当事者から気持ちが変わったと連絡してきました。そのような場合どうしますか？(127)
Q 合意事項の履行がなされなかったときはどのような方法が考えられますか？(128)
Q 当事者が感情的に高ぶり、調停室で泣き出したり、怒り出したりしたとき、どのように対応すればよいですか？(128)
Q 当事者を目の前にして、双方の代理人同士が口論を始めました。メディエーターとしてどうすればよいでしょう？(129)
Q メディエーターがふたりのケースで、当事者を目の前にして、代理人と自分以外のメディエーター（Co-mediator）が口論を始めてしまいました。どうしたらよいでしょう？(130)
Q 当時者に罵声を浴びせられショックを受けました。どうしたらよいですか？(131)
Q 期日間に当事者から電話があり、次回話合いに出たくないと言われました。ど

CONTENTS vii

うしたらよいでしょう。(132)
Q　当事者の家族に、今までの記録を見せて欲しいと言われました。メディエーション機関あるいはメディエーターとしてどのように対応すればよいですか？(133)
Q　期日間に当事者の家族から電話があり、次の話合いに参加したいと言われました。どうすればよいですか？(133)
Q　話合いの席で当事者がけんかを始めたような場合、そのときメディエーターはどう対応するのですか？(134)
Q　相手方がメディエーションでなく裁判をしたいと言っています。どうしたらよいですか？(136)

第3章　調停・メディエーションにおける代理人のあり方

Q　話合いの中で、相手側から自分のクライアントについての知らなかった事実が話されました。そのとき代理人としてどうしたらよいですか？(173)
Q　メディエーターが代理人を無視し、当事者と話を始めたとき、どのようにしたらよいですか？(173)
Q　メディエーションの場で、当事者が自分との打ち合わせ内容と違うことを話し始めました。そのようなときはどうしたらよいですか？(175)
Q　当事者が感情的に高ぶり、調停室（メディエーションルーム）で泣き出したり、怒り出したりしたとき、代理人としてどのようにすればよいですか？(175)
Q　当事者の家族が当事者にプレッシャーをかけているなど、解決に協力的でないとき、代理人として何をすればよいですか？(176)

イントロダクション

　メディエーションというのは、まだ耳慣れない言葉です。「メディエーションは、日本語では何と言うのですか」とか「メディエーションと調停や仲裁とは違うものなのですか」というご質問をよく受けます。
　メディエーションの日本語訳を探すとすると「調停」が近いので調停と訳すこともあります。しかし、実は「メディエーション」と「調停」は、その理念や方法において違うものなのです。
　メディエーションは欧米での歴史が古く、アメリカは訴訟社会だというイメージもある一方で、訴訟以外の方法としてメディエーションが研究され実践されてきました。また、ヨーロッパでも、近隣紛争などを手掛けるコミュニティのメディエーションセンターも活発に活動しています。日本的文化の中で生まれた裁判所の調停と欧米の文化の中で生まれたメディエーションですから、違うものであることは当然と言えば当然かもしれません。
　また、メディエーションと言っても、いくつかの理論とモデルがあり、これまでわが国でメディエーションと言っていたのは、対話促進-紛争解決モデル（ファシリテーティブ・モデル）であったと思いますが、本書では、紛争解決よりも自己の回復や相手の再認知による紛争のとらえ方の転換を主とした、認知変容-自己決定モデル（トランスフォーマティブ・モデル）も紹介します。

さらに、メディエーションや調停の趣旨を理解しないと、本当の意味で当事者のための代理人にはなることができないのではないかと考え、調停における代理人のあり方についても考えてみることにしました。訴訟の代理人と調停の代理人は、どこがどう違うべきなのか。メディエーションには代理人は必要なのかなどについて海外の著作も参考にして検討しています。

　第1章では、調停とメディエーションの違いを述べ、その上で事例に基づきメディエーションの2つの理論について解説しています。特に、わが国ではまだ著作物としては紹介されていない認知変容-自己決定モデル（トランスフォーマティブ・モデル）についても詳しく書いています。また、民間メディエーション、調停、法律家の実務現場とメディエーション手法の活用についても考えています。

　第2章では、対話促進-紛争解決モデル（ファシリテーティブ・モデル）および認知変容-自己決定モデル（トランスフォーマティブ・モデル）の理論と具体的な方法（スキル）について解説しています。

　そして第3章では、わが国では法律家が調停において代理人として活動することが増えてきているにもかかわらず、あまり議論されることがなかった調停、メディエーションの代理について事例を挙げながら解説しています。

第1章
民事調停、家事調停とメディエーション

1 メディエーションの考え方

(1) メディエーションをめぐるわが国の状況

　メディエーションは、対立する当事者が、第三者であるメディエーターが関わることによって、対話により、問題となっている感情や事柄を当事者自身がお互いに理解しようとする場で、人間関係の修復やそこで起こっている問題の解決を試みる方法です。

　わが国では、従来お互いの「譲り合い」「痛みわけ」など、どちらかが勝つか負けるかではなく、お互いに譲り合おうという風土があります。しかし、その譲りあいが、当事者同士が自主的に話し合った結果なのかは疑問があります。結果に至るまでには、話合いを仲介する第三者の力が強く働くからです。第三者の関わり方や仲介の方法によっては、そのプロセスに大きな違いがあり、たとえ結果は同じでも、当事者の納得度には違いがあるはずです。

　わが国でメディエーションの考え方が急速に広がるきっかけになったのは、主として司法制度改革の議論です。その背景には、現行の調停を含めた司法制度に対する批判もありましたし、また紛争や対立に関わる法律家が、実務上、今まで何か腑に落ちなかったことに対応する新しい方法として注目したのも背景の1つでした。

　その後、メディエーションが「調停」と訳されることもあり、わが国の裁判所で行われる民事調停や家事調停（以下「調停」という）と混同されることも多くなってきました。また、メディエーション＝同席調停とイメージされることもあり、従来の当事者と個別に話を聴く裁判所の調停のイメージとかけ離れていることもあり、なかなか実際に利用されにくいという点も出てきました。

　メディエーションの研究や実務は、欧米を中心に発展してきました。それぞれの国の背景やシステムは異なるものの、当事者のために間に入る第三者の役割が重要であることに変わりはありません。

　では、調停もメディエーションも、どれも対立や紛争を抱える当

事者の間に第三者が入る方法であることは同じですが、どこがどのように違うのでしょうか。

「お金の問題じゃないんです！」「裁判には勝っても勝った気がしない」「親の相続でもめて以来、兄の顔は見たくもない」「何も分かってもらえなかった」など、紛争に直面した人たちが漏らした言葉です。

たとえ、裁判で勝訴判決を得たり、表面的には和解したりしても、心の底では決して喜んでいない人が多いのも事実です。

そのような人たちは、紛争を解決するだけでも大変なことなのに、やっと紛争が解決し、解放されたと思っても、実は紛争の根本からは解放されていなかったということに気付くのです。

紛争の解決方法と当事者の紛争への思いがずれているから、このようなことが起きるのではないでしょうか。では、その「ずれ」はどこから来るのでしょう。

傍からみれば、同じように紛争を抱えているように見えても、紛争のとらえ方は人それぞれです。また、当事者の関係性や様々な状況によって思いも変わってくるでしょう。

では、紛争解決とはいったい何を指すのでしょう。紛争を解決できるのは誰なのでしょう。この２つの疑問がメディエーションという考え方には重要なものとなっています。

調停は、法律や規則で定められている事柄が多く、また、調停前置主義がとられている事件もあり、その後の審判や裁判といった手続きを見据えた上での調停となることも多く、法的な結論が重要視され、何らかの結論を出す必要もあります。したがって、例えば、当事者が気持ちの問題や相手との関係の問題を紛争の根本と考えているような場合であれば、調停の場で法的側面に焦点をあてて和解しただけでは、当事者にとって紛争となっていた根本の問題が未解決なまま終わってしまいます。また、原則的に調停委員を介して別々

1 メディエーションの考え方 5

に話をするなかでは、本当に考えていることや思っていることがなかなかお互いに通じ合わず、合意にばかり関心がいくと、法的要件や数字など表面的に見えやすい部分に注目が集まりやすくなります。

メディエーションの考え方は、合意という結果よりも、そこに至る当事者本人の葛藤の克服や対立する当事者と対話をする勇気、そして自分で決める力を回復することが重要だというものです。

紛争を解決するのは、当事者本人以外にはなく、紛争解決とは当事者の自己決定によって初めてなされるものだといって言っていいでしょう。メディエーションの話合いは、合意の条件を探ったり相手を非難するためにするのではなく、問題を抱えているために、弱くあるいは過剰に強くなってしまっていたりする当事者の呪縛を解き、自分を見つめ直し、自己決定できる状態を取り戻すことを目標にしているのです。

もちろん、すべての紛争やもめごとがメディエーションで解決できるというわけではありません。当事者が紛争解決に何を求めているかによってその手段は決められるべきでしょう。

しかし、これまでの法律的な側面を重視した紛争解決方法では満たすことが難しかった当事者の潜在的な気持ちを満たそうとするのがメディエーションなのです。今までのシステムの補完であり、新しい選択肢がひとつ増えたと考えていただければいいと思います。

また、メディエーションには、そのルール作りにも、理念が生かされており、進行について当事者が選択しながら決定していくことも大きな特徴です。

(2) メディエーションとカウンセリング

メディエーションは当事者と向き合い、心の問題を大切にしますので、カウンセリングにも似ているように思えます。

確かに共通点は多くあります。例えば、企業内で上司との関係性に悩む部下のケースを考えてみましょう。

カウンセリングにもいろいろな手法がありますが、主に本人の気

持ちに焦点を当てて聴き、その人の気持ちの回復を試みていきます。しかしながら、カウンセリングは主にひとりを対象者とするため、その人が会社に戻ったときの上司との関係性にカウンセラーが何かをすることはできず、また上司が部下のことをどう考えているのかなど上司の気持ちを聴くこともできません。つまり一方通行になってしまうのです。メディエーションは、当事者双方の話を聴き、その話は他方の当事者にも届き、お互いに影響し合うので、一方通行になりません。この点がメディエーションとの違いでしょうか。

　また、対立が起こっている場合、カウンセリングの結果どちらかの人が、自分の行動を変えたとしても、その行動の変化にともない相手が変わるには時間がかかるかもしれませんし、相手の言動はもしかしたら変わらないかもしれません。あるいは、もっとエスカレートしてしまうかもしれません。

　自分の言動や決めようとしていること、あるいは決めたことが相手にどういう影響を与えているのかを感じやすい状況をつくるには、同席でのメディエーションに意味があります。また、相手の言動や相手の決定に影響をうけながら、自ら考えて自分の考えや行動を変えたり、自分で様々なことを決定していきます。相互に影響しあいながら進んでいくのが、メディエーションの場であり、そのプロセスの促進を支援していくのがメディエーターの役目なのです。また、お互いの状況や決定までの葛藤がそれぞれに見えているため、理解が促進され、合意した事項を行動に移しやすくなります。

　では、調停とメディエーションは、具体的にはどの様に違うのでしょうか。その進行過程について簡単に比べてみましょう。

•2• 調停とメディエーションの違い

(1) 調停の開始から終了まで

　調停は、管轄の裁判所に「調停申立書」を提出することから始ま

ります。もちろん、その前に弁護士や司法書士に相談したり、裁判所の手続相談を利用したりすることもあります。

　調停申立書を受け取った裁判所は、話合いの日程（以下「期日」という）を決定し、相手方に書面で通知します。その際、家事調停事件では申立書のコピーが同封され、申立ての概要が相手方にも分かるような形で送付される場合もあります。この通知を受け取った相手方が、期日の調整や手続きについての質問などで裁判所に連絡をとれば裁判所の担当書記官が話を聞くこともありますが、原則的には、裁判所は中立な立場であり、期日を迎えるまで当事者の話をじっくり聴く機会はありません。

　ですから、相手方にしてみれば、突然呼び出されて、事情もよく分からないまま裁判所に行くこともあります。

　期日当日は、両当事者は別々の待合室で調停委員が迎えに来るのを待ちます。まず初めに、調停委員が原則的に別々に話を聴いたあと、交互に話をしながら、紛争の対立点、和解できる点などについて検討をしていきます。この間、基本的には当事者同士が顔を合わせて話をすることはありません。

　そして、調停委員は中立な立場で、第三者としての客観的な視点から、また自らの専門的知識などを生かしながら、お互いが合意できる点などを見つけながら、話合いを進行していきます[1]。

　何回かの期日で合意ができれば調停成立となりますが、合意できなければ、取下げや調停不成立となり、他の手続きに移行することとなります。

　合意が成立すれば、合意内容を書いた調停調書を作成しますが、

---

[1] 東京家庭裁判所は、強制的ではないが第一回期日の最初には両者をそろえて手続きの説明をし、期日ごとにも開始時と終了時両者をそろえて、各期日の進行内容の予定と期日内で話し合われた総括を行うようにしている。（参考：本多智子「家事事件手続法の下で充実した調停運営を実現するために—双方立会手続説明の効果的な実践に向けて—」（ケース研究316　平成25年8月）

この調停調書には、執行力が付与されており、その合意通りに履行されなければ、強制執行をすることができる文書（債務名義）となります。

(2) メディエーションの開始から終了まで

メディエーションも、基本的には調停と同じように申込書（名称は機関によって異なる）の提出から始まることが多いのですが、その前に、メディエーションを利用したいと考えている人から相談を受けることもあります。

どのような紛争で、相手方とはどのような関係で、どのような解決を望んでいるのかなどを聴きながら、申込書の記入なども一緒に考えながらすることも可能です。

申込書が提出されたところで、申込人に事情を確認し、相手方へ連絡することになりますが、これも、申込人から、どのような形で連絡をとるのがいいかなどの情報をいただいたり、希望を聞いたりしながら進めていきます。

相手方に連絡しても、何の反応も無いことも少なくありませんが、何度か連絡するなどして、できるだけ相手方とも話をします。これは、相手方には申込みをした人の希望を伝えるのではありません。相手方自身はどのように考えているのか、メディエーションを希望するのかなどを中立的に聴き、相手方もメディエーションという方法に合意すれば、話合いのセッティングを行います。これが後述のケースマネジメントに当たる部分です。

話合いの当日は、両当事者に進め方について再度簡単に説明し、前回の連絡からその日までの間に何か事情が変わっていないかなどを確認した上で、特別に問題がなければ、多くの場合、両当事者およびその代理人が全員いる場（同席）で話合いを開始します。話合いの途中で、当事者の希望や状況によっては、別々に話合いをもつ時間を持つこともありますが、原則的にはずっと同席で話合いをしていきます。

話合いの場所や時間も、当事者の希望で決めることも可能です。また、当事者は、申込人の取下げまたは相手方の離脱により、いつでも話合いをやめることもできます。また、合意の内容については、申込書の内容に書いてないことでも合意することが可能で、メディエーション費用の負担方法や履行できなくなった場合の再度のメディエーションの設定のことなども合意すれば、合意書に記載することができます。ただし、この合意書には、調停調書のように執行力はなく、私文書としての合意書の意味を持つにとどまります。

(3) コミュニケーションという視点での同席と別席の違い

前述のように、調停は原則として調停委員が当事者の話を別々に聴きながら、合意点を探っていきます。一方で、メディエーションはケースマネジメントの時点では別々に話を伺いますが、話合いが始まれば原則的に同席で話し合われます。

司法制度改革の議論における調停への批判には、「調停委員が価値観を押し付ける」「話を聴いてくれない」「自分の話が違ったように伝わっている」「両者の話を微妙に加減して伝え、結論をコントロールする」というものがありましたが、どうしてこういうことが生じてしまうのでしょうか。

別席と同席の違いをコミュニケーションの視点から考えて見ましょう。

物の見方は人によって異なり、見方が違えば、同じものも違うものに見えます。特に、両者の間に対立が起こっているときは、この違いが顕著になり、1つの出来事が両者にまったく違う意味で捉えられることが多くなってしまうのです。

また、人が言葉を発したり行動をしたりする際には、その人の価値観などに基づいて行いますが、受信者（受取手）が発信者と同じ価値観であるとは限りません。対立が起こっている状態であれば、なおさら発信者と受信者の間の認識のずれは大きなものとなってしまうのです。

人と人とのコミュニケーションにおいて、言葉以外の態度、声の調子など非言語といわれる部分の影響力は全体の80％を占めるとも言われています。しかし、話合いを別席で行う場合、当事者同士はコミュニケーションの大きな割合を占める非言語の部分について知ることができません。

　また、当事者同士の価値観が異なるのと同様、あるいはそれ以上に調停委員と当事者の価値観のずれはとても大きいと考えた方がいいでしょう。その場に代理人がいる場合は、さらに発信者と受信者が増えることになるので、コミュニケーションは複雑なものとなります。調停委員は、担当事件を解決しようと法的側面や経済的な点に焦点を当てた発言をしますが、両当事者がこれを受け入れられないということがあるのは、コミュニケーションがうまくいっていない例です。

　また、本来であれば、調停委員は言葉だけでなく非言語の部分も補うように、両者の話を橋渡ししていく必要がありますが、一方当事者が話した言葉を調停委員が他方当事者に伝えることで、当事者が話した本当の意味が薄められてしまったり、まったく別のものとして伝わってしまうことが起こりえるのです。

　しかし、すべてのケースで同席がふさわしいというのではありません。同席で話をするするためには、両当事者が同席で話し合おうという意思が何よりも必要です。また、話合いの中で当事者が別々に話をしたいと希望すれば、両当事者の了解を得た上で別々に話すこともあります。

　メディエーションでは、話合いが始まる前のケースマネジメントの段階で両当事者の同席への意思確認をします。

　非言語を含めたコミュニケーションが目に見える同席でも、メディエーターには、これから述べるような理論を理解した上でスキルを習得するためのトレーニングが必要です。別席は当事者同士が見えない分、コントロールし易くなりますが、当事者のコミュニケー

ションという点では同席の場合よりもさらに難易度が増します。その点をいかに認識し、どのような対応をしていくべきかということを考える意味で、メディエーションの考え方をまず理解することが必要になってきます。

(4) 調停委員とメディエーターの育成

では、対立の間に入るという点で調停委員とメディエーターの違いを考えてみましょう。前述のように、調停とメディエーションはその方法によって、申込みの段階から根本的な違いがあります。また、話合いの場面においても同席と別席のように方法が異なります。

調停の考え方では、法的側面や社会的見地が重要視されるため、調停委員対象の研修は、法律の知識や考え方および経済的側面からの講義が中心で、コミュニケーションという点は、研修では重視されておらず、社会生活で培われてきた調停委員個人の資質に委ねられることになります。

一方、メディエーションは、両当事者の対話による自己決定に重きをおいているため、コミュニケーションスキルなどメディエーターとしての関与の方法および第三者としての影響力を実務的にトレーニングし、その上で法的課題にどのようにコミットするのか、あるいは他の機関とどのように連携していくのかを学んだうえで、メディエーターとなります。

別の言い方をすれば、コミュニケーションという視点からは、別席の方が同席に比べ格段に難易度が増すにもかかわらず、コミュニケーションのトレーニングを受けないまま現場に出て調停委員になるわけです。もちろん、長年培われた社会経験は貴重な財産であり、その人間性は当事者に伝わります。しかし、調停委員自らが自分の非言語、言語のコミュニケーションの癖を知り、自分の言動がその場でどういった影響を及ぼしているのかということを感じることは、人生経験だけでは得ることができません。そのため、コミュニケーションが受動的になったり、介入のタイミングや方法が分からない

という事態が生じてしまいます。

　また、さらに調停では法的側面や経済的側面に焦点をあてる場面が多くなりますが、そこに無理やりコミュニケーションの視点からの話をすると、当事者にとっては混乱するだけです。このような点も、司法制度改革の時の調停への批判などにつながるのではないでしょうか。

　調停におけるコミュニケーションの視点を補完したり、調停でできることとできないことを自覚するためにも、メディエーションの考え方を理解し、コミュニケーションの方法を練習したりすることは調停の質を高めるためにも有用と考えます。

＊調停とメディエーションの違い

	裁判所の調停	メディエーターズのメディエーション
目的・ねらい	実質的に公平な解決を目指し、手続きにおいても公平となりうるよう裁判所のルールに従う。調停委員は専門的な知識経験に基づき、紛争の解決に関する事件の関係者から意見を聞く。	当事者同士の対話により、両当事者が自己および相手方への理解を深め、両当事者が納得のいく現実的な解決方法を探す。メディエーターは理論や実務トレーニングに基づき、当事者間のコミュニケーションの場をつくり、当事者の理解や認知の変容を支援する。
申込みから話合いまで	申立て →裁判所から書面で相手方に連絡 →期日	申込み →申込人からのヒアリング →相手方への連絡 →相手方からヒアリング →両当事者のメディエーションに対する合意 →話合いの日程、場所のアレンジ →話合い
当事者以外の参加	調停委員会が認めた利害関係者	両当事者が参加に合意した関係者、専門家など
話合いの方法	原則的に別席	原則的に同席
合意書の効果	確定判決または裁判上の和解と同一の効力を有する（債務名義となる）。	執行力はない（債務名義とならない）。

調停とメディエーションの手続と方法の違いを見たところで、次に、メディエーションでは実務的には、どのような方法をとるのか見てみます（ここでの「メディエーション」は、一般社団法人メディエーターズにおける実施方法をモデルとしています）。

●3● メディエーションの具体的な方法

次のような夫婦間の事例を使って、メディエーションの方法を見てみましょう。

＜事例＞夫婦関係の問題
【登場人物】
　夫　山田太郎さん　42歳　会社員
　妻　山田花子さん　35歳　パート
　子　山田里奈さん　5歳

【夫の主張】
　私が出張から家に帰ると、家の中はもぬけの殻で、居間のテーブルには離婚届と「もうあなたにはついていけません」と書いたメモが置いてありました。家電製品なども全部持って出て行かれてしまったので、生活するのにも不自由を感じています。
　妻が家を出てから2週間後、私は妻の実家に行きましたが、義父に「娘と孫には会わせられない。帰ってくれ」と取り付く島もなく追い返され、その後も電話をしても取り次いでくれません。子どもに会いたいと妻の携帯にメールをしましたが、何の返事もなく無視されています。
　私が妻の実家を訪れてから2か月後、妻からメールで「離婚して欲しい。私たち親子の生活費を払って欲しい」と連絡が入りました。きっと義父は孫である里奈と一緒に暮らしたくて、離さないのだと

思います。
　私は、妻と子どものために家も買い、一生懸命頑張ってきたのに、こんなことになるなんて思ってもいませんでした。その後いろいろと気晴らしもして、冷静になろうと思いましたが、離婚する気は今もありませんし、子どもに会わせてくれないのなら、生活費を払う気にもなれず、妻には何の返事もしていません。

【妻の主張】
　夫は、週末になると出かけ、酔っ払って夜遅くに帰ってきます。そして5歳の娘の部屋に直行して、一緒に寝てしまいます。娘は目が覚めて、逃げますが、夫はそれを追いかけます。そうかと思えば、翌日にはほんの些細なことで突然怒鳴りだすといった、非常に波のある接し方をしています。夫は、私に対しても結婚前から同じように態度に波があり、夫の両親もその状況をうすうす感じているようですが、何も言ってくれません。私は、これでは子どもがきちんとした大人にならないのではないかと不安に思っています。
　また、ある日、夫宛にサラ金から手紙が届き、不安になり開けてみると、借金の督促でした。私は、こんなお金をいつ借りたのか、何に使ったのかも知りません。
　私は、子どもを連れて家を出ました。私の父も、この状況では今後幸せになれないと言っています。夫に会いたくないので、離婚したいとメールで伝えましたが、その後何も返答がありません。娘は、家を出てから幸せそうです。共通の友達から、夫が最近ゴルフに行ったと言っていたと聞きました。家族のことも考えずに、悠々自適にひとりで楽しんでいるのだと思います。

　この事例で、妻の山田花子さんからメディエーションの申込みがあったとします。申込みを受けたらメディエーター、場合によってはケースマネジャー（メディエーターとは別の手続きの管理を行う担当者）

が、申込人や相手方から事情を聴きます。このプロセスは、いわゆる「事情聴取」ではなく、当事者の気持ちの整理や進行方法の確認、話し合いたい相手の確認などを行うためのもので、メディエーションによる話合い以上に重要な役割を持つ部分です。

　　（ア）　コンフリクトマップの作成

　このケースで言えば、申込人である花子さんが、話し合う相手は夫の太郎さんだと思っているようですが、実は、太郎さんの両親や子どもの里奈さんとの話合いが必要なこともあります。そのような関係を明確にするため、関係者全体の関係を分かりやすく図にした「コンフリクトマップ」というものを作成します。

　当事者の話を聴きながら、関係者とその関係性について図にまとめる作業をします。視覚的に明確になることで、今まで、頭の中でぼやっとしていたことや考えてもいなかったことが見えてきたりするので、とても効果的です。また、当事者の双方から話を聴いて作成すると、申込人の認識と相手方の認識が分かりやすく表現されます。

　当事者が話合いで問題を解決しようとする場合、まず誰と話し合う必要があるのかなども一緒に考えていくところから、メディエーションは始まります。

　自分と相手方の他にも関係者がいて、それぞれに異なる事情や思いがあることを忘れずに解決案を考えていかないと、最後の合意の場面で、その合意内容が現実的でないことに気が付いたりすることもあります。

コンフリクトマップの例

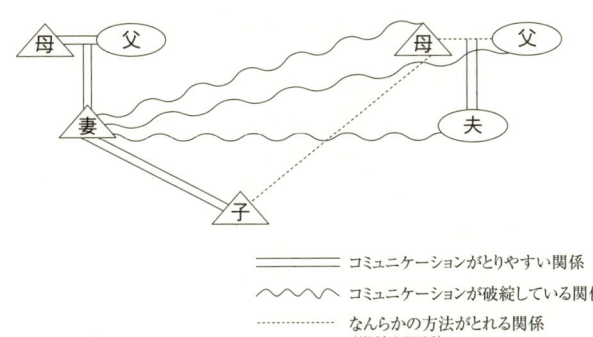

━━━ コミュニケーションがとりやすい関係
〰〰〰 コミュニケーションが破綻している関係
……… なんらかの方法がとれる関係
　　　　（微妙な関係）

　　（イ）　相手方への連絡
　次に、相手方の夫に連絡をとります。しかし、太郎さんはサラリーマンで、平日の昼間は会社に行っていますので、なかなか連絡をとることは難しそうです。申込人の花子さんは、太郎さんの携帯電話の番号やメールアドレスなども知っていますし、太郎さんについてはよく知っていますので、どのような時間帯に連絡がとれやすいかなどの情報を確認することも重要です。または、可能であるならば、花子さんから太郎さんに連絡をしていただいた上で、メディエーション機関から連絡した方が、太郎さんも受け入れやすいでしょう。もちろん、紛争の相手方なので、逆効果になることもあることには注意が必要です。
　このように、相手方への連絡ひとつ取ってみても、いろいろな方法があります。
　調停では、何月何日に、話合いの日程が決まったので裁判所に来るようにという呼出状が届くので、呼出状を受け取った人は、裁判所からの突然の手紙にびっくりすることもあるでしょう。
　メディエーションでは、相手方に連絡をとることは同じですが、その方法は、申込人の考えなども取り入れて自由にすることができ

ます。メディエーション機関の担当者から、手紙や電話などの方法を組み合わせて何度か連絡することもありますし、申込人から相手方に直接メディエーションの話をして、相手方が理解をしたのちに、話合いの場を設定することもあります。この話合い以外のプロセスを「ケースマネジメント」と呼びます。

　調停は、このケースマネジメントの部分がなく、いきなり相手に話合いの期日の連絡が届くことになるわけです。逆に言えば、裁判所では実際に期日を向かえ、初めの何回かの期日で、ケースマネジメント的に当事者の解決への要望などを聞く必要があります。話合いをどちらかが希望しない、あるいは話合いの合意点が見えてこなければ調停は不成立になるか、あるいは申立人が取り下げとなることになります。

　このように、ケースマネジメントは、調停とメディエーションの大きな違いのひとつです。メディエーションの場合、話合いの前の段階から、当事者の意思や希望する方法の確認を行うために十分に時間をかけています。

（ウ）　参加者の決定

　相手方に連絡したところ、「両親と一緒なら話合いに参加してもいい」という回答があった場合、再度、花子さんに連絡を取り、相手方の太郎さんはこう言っているが、太郎さんの両親が話合いに参加することをどう思うかを確認しなくてはなりません。

　また、申込人の花子さんが、よく考えたら、子どもの里奈さんと太郎さんが話すことが重要だと感じて、里奈さんにも参加して欲しいと言ってきました。5歳の子どもという問題もありますが、太郎さんの気持ちも確認しないといけません。

　このように、申込みの段階で参加者が決定するわけではなく、当事者の合意さえあれば、参加者は追加することができますが、その都度確認が必要になりますので、ケースマネジメントには時間がかかることもありますし、根気強さも必要です。

例えば、家事調停では、調停委員、裁判官、調査官、技官の他は、裁判官1名と調停委員2名で構成する調停委員会が認めない限り、当事者と当事者の代理人以外はたとえ家族であっても、原則的に話合いに参加することはできません。メディエーションでは、話合いに誰に参加して欲しいかを当事者が決めるので、両当事者が同意すれば誰でも参加することができます。また、その問題の解決に向かう上で必要であれば、カウンセラーなどの専門家に話合いに同席していただき、意見を聞くことなども可能です。
　調停は、裁判所という国の機関が関与することで安心感が得られやすいなどのメリットがあるでしょうし、逆にメディエーションでは、自分たちで話合いの参加者を決めることができるなど自由度が高いことなどから満足感を得られやすいというメリットがあります。

（エ）終了の方法

　最後に出口について考えてみましょう。調停は、両者が合意に達したときは調停調書を作成し、その調書には、裁判の判決と同じ効力（執行力）があります。もし、当事者がその合意内容について、そのとおり履行しない場合には、差押えなどの強制執行の手続もとることができます。このように強制執行ができる文書を「債務名義」といいますが、メディエーションにおける合意文書は、債務名義にはなりません。それだけでは、差押えなどができないということです。しかし、もともと、メディエーションには、債務名義とか強制執行とかの問題でないものも多いように思います。
　このケースでも、太郎さんと花子さんで養育費や財産分与など経済的な条件を決めて離婚するという合意が成立すれば、債務名義の必要性はあると思いますが、問題が当事者のお互いの気持ちや関係性、ふたりのコミュニケーションにあるとすれば、強制できるような合意ではなく、お互いの気持ちが話合いを通して変わったことあるいは変わらなかったことを確認したことに意味があるのでしょう。
　もっとも、メディエーションの合意であれば、当事者が真意から

合意したことである確率が高いので、履行も高い確率で期待できますし、何らかの事情で履行ができない場合でも、再度メディエーションにより話し合うことも可能です。

また、事案や当事者の関係によっては、一度にすべて決めてしまうのではなく、ひとまず決定した合意内容を一度試してみて、その状況を見てまた話し合い、そしてまた試してみながら最終的に決めていくということも考えられます。

● 4 ● メディエーションの理論

では、メディエーションの理論について詳しく見てみましょう。

メディエーションと言っても、その理論はいくつかあります。代表的なものは①対話促進-問題解決モデル（ファシリテーティブ・モデル）の理論、②認知変容-自己決定モデル（トランスフォーマティブ・モデル）の理論、③ナラティブ・モデルの理論です。

本書では①対話促進-問題解決モデル（ファシリテーティブ・モデル）の理論、②認知変容-自己決定モデル（トランスフォーマティブ・モデル）の理論を紹介します。もちろん、共通している部分もあり、どちらが優れているという話でもありません。調停もあわせて、適切な方法を選択することが重要だと思います。

(1) 対話促進-問題解決モデル（ファシリテーティブ・モデル）

この理論は、対立する当事者は目に見える主張の根底には本当に大切に思っていることを抱えており、そこにお互いに気づき、抱えている問題を解決できるのは当事者だけであり、メディエーターは当事者に解決策やアドバイスなどを提示するのではなく、当事者の気づきとそれに至るプロセスを支援することが重要であるという理念から出発しています。

それぞれが語ること、対話することで、自分の言葉や態度、相手の言葉や態度により、紛争の渦中では自分では気がつかなかったよ

うな自分が大切にしてことにお互いに気づき、それぞれが自ら解決方法を考えることができるように、メディエーターが対話を促進するためのプロセスを管理するのがこのモデルです。

このモデルのメディエーションは、メディエーターが話合いのプロセスをコントロールして進めていきます。次の7つのステージに分けることができます（参考、田中圭子『聴く力、伝える技術〜人間関係の誤解を解くメディエーションの極意〜』〔日本加除出版・2012〕）。

ステージ1 一方当事者（申込人）との最初のコンタクト
ステージ2 もう一方の当事者（相手方）との最初のコンタクト
ステージ3 申込人、相手方がお互いの意見や気持ちの衝突に向きあう準備と話合いのためのスケジューリング、メンバー調整
ステージ4 両当事者の話合いの席でそれぞれの課題（Issue）を聴く
ステージ5 メディエーターと両当事者の他、参加者全員がそれぞれに課題について一緒に考えていく
ステージ6 合意を一緒に創っていく
ステージ7 終了とフォローアップ

それぞれのステージは、いつもこの順番で来るとは限りませんし、順番が飛んだり、前後したりしながら進行することもあります。

また、アメリカ、サンフランシスコのCommunity Boardsでは、Intake（申込人からの申込み）、Case Development（相手方との話し）そしてPhase Ⅰ〜Ⅲと分かれており、それぞれの団体、組織が、実践に基づいたそれぞれの理論によって、メディエーターの役割とプロセスを設定し、メディエーターの関わり方に関するトレーニングを行っています。

つまり、同じ対話促進-問題解決モデルでも、組織によってプロセスの分析やメディエーターのトレーニングなど異なる部分がある場合もあるということです。

とはいえ、対話促進-問題解決モデルの基本的な理論は共通して

います。それは、氷山の水面から上に出ていてお互いにしか見えていないこと（Position）のみを課題にするのでなく、氷山の水面下に隠れて本人にも見えていないかもしれない本当に大切に思っていること（Interest, Needs）を当事者から引き出し、話合いの課題にすることで、表面的な要求のレベルでなく、本人のニーズを満たす解決方法を探すことです。

では、対話促進-問題解決モデルの7つのステージとメディエーターの関わり方について、先の夫婦の事例を使いながら説明します。

（ア）　話合いの準備（ステージ1〜3）

この相談を、最初に妻あるいは夫のどちらから受けるかによって、事例の印象がまったく異なるものになるのではないでしょうか。妻から相談を受けたなら「家族を顧みない自由奔放な夫」であり、もし夫から相談を受けたなら「勝手に家を出て行ったわがままな妻」という印象を受けるでしょう。

7つのステージのうち、1と2が、メディエーションの準備の段階で、それぞれの当事者がコンフリクトマップをメディエーター（あるいはケースマネージャー）と一緒にコンフリクトマップを書きながら、今後誰とどのような話合いを持ったらよいかなどを考えていきます。

例えば、この事例で夫の太郎さんから申込みがあり、やはり妻と最初に話し合いたいとなったと想定してみましょう。太郎さんから話合いの申込みがあった時点で、メディエーターは、太郎さんにどうやって花子さんに連絡を取ればよいかも聞きます。花子さんのことは、太郎さんが良く知っており、メディエーターには分からないからです。

もし、メディエーターから手紙を書く必要があれば、申込人の話の概要を文書でお知らせし、その後電話をします。ここで注意しなければならないのは、メディエーターは、申込人の代理人ではないということです。相手方は、申込人がメディエーターに何を言ったか気になることは間違いありません。しかし、メディエーターは申

込人の許可がなければ、申込人がメディエーターに話したことを相手方に伝えることはできません。

　ステージ2でのメディエーターの役割は、メディエーターが申込人から聴いたことについて、相手方がどのように考えていて、どうしたいのかを聴き、一緒にコンフリクトマップを書きながら考えていくことなのです。コンフリクトマップを書くということは、時には相手の立場や考え、気持ちを考える機会を持つことになります。この点も対話促進-問題解決モデルの大きな特徴です。

　もしかしたら、花子さんは、まずは花子さんの父親と太郎さんとの話合いを進めて欲しいというのかもしれません。または、花子さんは、家族のことを他人に話したくないので、まずは家族だけで話し合いたいというかもしれません。あるいは、夫の顔を見たくもないので、代理人を立てるというかもしれません。

　花子さんの考えていることなどを太郎さんに伝えます。その理由などを太郎さんに話す場合は、花子さんから聞いた話の内容を太郎さんに伝えてよいという承諾を得た上で太郎さんに伝えることになります。そして、次にどうするのかを太郎さんと一緒に考えます。つまり、ステージ1に戻ってやり直すことになるのです。花子さんが太郎さんとの話合いを同意したところで、初めて花子さんと太郎さんの話合いが始まります。

　　（イ）　課題（Issue）の設定（ステージ4、5）
　例えば、離婚するのかしないのか、子どもに会わせるのか会わせないのかなど、その背景事情も含め、当事者によって見え方が異なる点をメディエーターが取り上げて、話合いを進めようとしても対立の状況に変化はありません。これが、氷山の見えているPositionの部分です。しかし、例えば、お互いに家族を大切に思っている点など思いが共通している部分もあるはずです。表面的には見えないけれど、それぞれが大切に思っていること、これがInterest, Needsです。メディエーターが、なるべく早く、Interest, Needsを双方か

4　メディエーションの理論　　23

ら引き出し、当事者の思いが共通であることに気づけば、対立していた事柄の見え方が違ってきます。

　対立が起こっているとき、当事者からもメディエーターからも対立している点は見えやすいものです。しかし、この対立している点を話合いの課題とすると、対立するばかりで話合いが進みません。

　そこで、メディエーターは、もしかしたら当事者自身も自覚していないかもしれない Interest, Needs を引き出して、それを話合いの課題とすることで対話が促進されるように支援していきます。

　　（ウ）　**特徴的なプロセスとスキル**（ステージ3～7）

　対話促進‐問題解決モデルの特徴は、メディエーターが対話のプロセスを管理するということです。管理するための方法として、対話促進‐問題解決モデルに特徴的な方法やスキルがあります。

　　(a)　**グランドルールの設定**　　話合いをどのように進めるのかを最初に決めます。

　一般的には、座る位置の確認や名前の確認、メディエーターの役割の説明、メディエーターと当事者の守秘義務の説明をした後に、メディエーターからグランドルールが提示されます。グランドルールとは、例えば、ひとりが話している間は最後までよく聴き順番に話すこと、誹謗中傷はしないことなどといった内容です。

　　(b)　**リフレイミング**　　話合いの中で、当事者が発したネガティブな言葉の裏のポジティブな側面に焦点を当てて、話合いの内容を再構成するために、中立的な言い方、ポジティブな言い方に言い換えをするスキルです。

　　(c)　**質問**　　メディエーターは、両当事者がそれぞれ大事にしていること（Interest, Needs）を明確にするために様々な角度から質問して本当のところを引き出していきます。そして、それを話合いの課題（Issue）に設定していくことで、対話を促進していきます。

　　(d)　**ブレーンストーミング**　　話合いが進んで、お互いに大切にしているところが話合いの課題として十分に話し合われるように

なり、将来的にどのようにしていくかということが課題にあがるようになってきたとき、具体的な解決方法を探すために行います。方法としては、どんなアイデアでもお互いに出し合えるようなやわらかい雰囲気を作り出し、ひとまず否定しないで、考えられるアイデアを全て出すことを前提とします。そのアイデアをもとに、より現実的な解決方法を検討します。

　　(e)　リアリティチェック　　合意ができた時点で、その合意が本当に現実に実行できるのかをメディエーターが中心になりもう一度確認をしていきます。合意された内容を実行する時期、方法などをより具体的に確認していきます。

(2) 認知変容-自己決定モデル（トランスフォーマティブ・モデル）

　この理論は、対話を通し、対立している当事者双方が相手との関係性を認識することで(認知)、お互いに影響し(相互影響作用)それぞれの「対立における影響の質」を変える話合いのプロセスを作り出そうというものです。自己の回復、相手方との関係性に関する認知、対立に関する認知の変容を重視するモデルです。

　このモデルでは、メディエーターは、話合いのプロセスをコントロールせず、当事者が自分自身で決定しながら話合いを進めていきます。

　メディエーターは、当事者が自分自身を見つめ直し、対立によって損なわれている自分で考え、決定し、行動する力を回復する過程（エンパワメントシフト）と相手に対する認知を見直す過程（リコグニションシフト）の促進を支援することが役割です。

　この理論は、話合いのプロセスをコントロールする対話促進-問題解決モデルの実践において、メディエーターは、当事者の対立に対しての思いやメディエーターへの期待にどこまで応えられているのかという指摘から出発しています。メディエーターは、あくまでも当事者を信頼して、当事者が進めていきたい気持ちにそってその場を支援することに徹底するのです。

メディエーターにできることは、プロセスをコントロールして紛争を解決することではなく、当事者が自分自身がどのような状況であるかを認識したうえで対立に向き合うための支援です。それによって自分は相手方に、相手方は自分にどのような影響を及ぼしていたのかを再認識できる状態になるための支援をすることです。これがエンパワメントシフトおよびリコグニションシフトの促進の支援という、基本的な考え方です。

　紛争の当事者が、相手に対して感じていることは、人によって違います。また、そんな状況での自分自身をどのように見ているのかも人によってそれぞれです。そして、自分が相手方に対して感じていることと相手方が自分について思っていることは、多くの場合一致していません。さらに、自分自身の殻の中に閉じこもってしまい、「後向きの連鎖」を起こすこともあります。また、相手方を攻めることで自分を正当化しようとする一見攻撃的な行動も、自分自身のことしか考えられなくなっていることの表れで、これも「後向きの連鎖」に陥っていることに依るものなのです。

　後向きの連鎖から抜け出すには、まず自分自身のことを冷静に見つめ直し、自分で自分自身を締め付けてしまっている呪縛や頑なな思いから抜け出し、自分が本来の状態を取り戻し、本来持っている力を回復すること（エンパワメント）が必要です。

　（ア）　**自分自身を見つめ直し自身の力を回復する（エンパワメント）**

　エンパワメントという言葉にはいろいろな捉え方がありますが、認知変容-自己決定モデルにおいては、第三者であるメディエーターが当事者を「勇気づけたり」「元気づけたり」するという意味ではありません。エンパワメントは、当事者の中で起こることを意味しています。当事者が自分自身を見つめ直すには、時には自分自身を否定することも必要になります。自分自身を否定することは、つらい作業で、これには勇気と時間が必要です。また逆に、自分自身を見つめ直すことで、自信を取り戻す場合もあるでしょう。この自分自

身を見つめ直す過程を第三者が支援するということが、まさしくこの方法の中心的理念です。

　先の事例で考えてみると、花子さんは、すべてを否定的に良くない方に考える状況になってしまっているかもしれません。一方、太郎さんも、事情が分からなければ混乱し攻撃的な思考にもなります。このような状態では、ふたりとも、正常な判断ができませんし、そこで何かを決めたとしても、それが本当の意味での自己決定とは言えない状態です。つらくても大変でも、現在の状況をふたりがそのまま捉え、自分で何とかしようと思わなければ、この状態から抜け出すことはできないでしょう。その抜け出すことを支援することがメディエーターの役目です。

　認知変容-自己決定モデルでは、当事者の中でエンパワメントシフトがまず起こり、それによって相手方との関係を見直すリコグニションシフトが起こるという考え方です。それがいつ起こるのかは分かりませんが、メディエーターは、当事者にエンパワメントシフトが起こるように支援し、その後も当事者が自分自身で相手方との関係性について思いをめぐる時間が来るまでじっくり待つことになります。

　私たち、一般社団法人メディエーターズでは、わが国でこのモデルのメディエーションを進めていこうとするにあたり、エンパワメントシフトとリコグニションシフトを「縦」と「横」の関係と考えています。エンパワメントシフトは自分の中のことなので「縦」の変化、リコグニションシフトは相手との関係なので「横」の変化と表現することが分かりやすいと考えたからです（図にすると次のようになります）。

4　メディエーションの理論

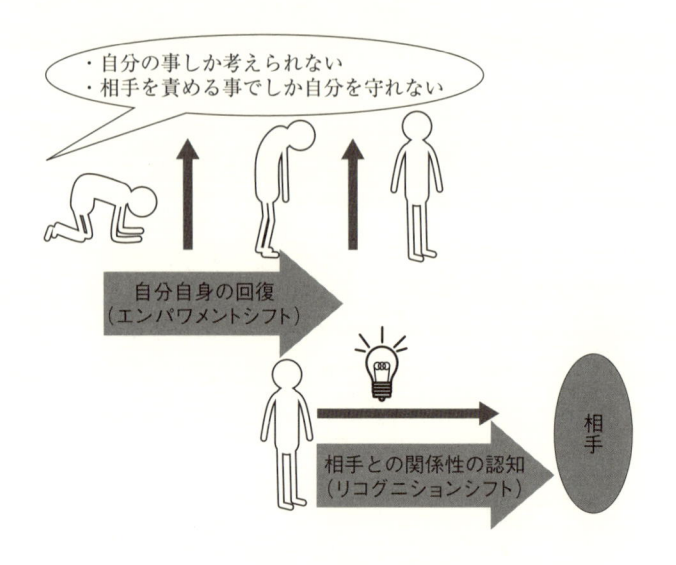

・自分の事しか考えられない
・相手を責める事でしか自分を守れない

自分自身の回復
(エンパワメントシフト)

相手との関係性の認知
(リコグニションシフト)

相手

（イ） 相手との相互作用と関係性の再認知（リコグニション）

　自分自身の事を見つめ直すことが出来るようになると、自分に少しゆとりが生まれます。そうなることによって、相手の言っていることにも耳を傾けたり、相手の様子をしっかり観察できたりするようになります。そこで相互作用が起こり、対立における影響の質を認知し直すことができるようになります。

　このように相手の言っていることにも耳を傾けたり、相手の様子をしっかり観察できたりすることができる状態が、リコグニションシフトが起きている状態です。

　対立における影響の質を認知し直すということは、決して仲良くなることを意味してはいません。あくまでも本人が、自分をしっかり持ち、相手の状態を受け入れることで、問題だと認識していたものが問題でなくなる、あるいは違う問題だと認識することを意味しています。

　この事例では、その結果、たとえ離婚することになってもそれは

28　第1章●民事調停、家事調停とメディエーション

当事者が決めたことです。問題は、太郎さんが自分の問題を認識し、自分が花子さんに与えていた影響を認識したか、また花子さんも自分の問題を認識し、自分が太郎さんに与えていた影響を認識したかということであり、当事者が、それぞれ問題の本質を認知し直した結果の結論なのかということなのです。

(ウ) 話合いの転換ポイントにおけるメディエーターの役割

対話促進-問題解決モデル（ファシリテーティブ・モデル）では、対話のプロセスを管理する方法として7段階のステージに分類します。しかし、認知変容-自己決定モデル（トランスフォーマティブ・モデル）では、対話促進-問題解決モデルと違い、メディエーターがプロセスをコントロールする事はなく、当事者の気持ちや言動に沿って話合いを進行しますので、当事者の状態を注意深く観察することが重要になります。

この当事者の状況を示す、話合いの転換となる特徴的な出来事をサインポスティングイベントと呼び、メディエーターが注意しなければならない重要なポイントになります。

サインポスティングイベントが起こったとき、メディエーターは、当事者にどんなことが起こっているのか、特にエンパワメントシフトが起こっているのか、リコグニションシフトが起こっているのかをしっかり観察することが重要です。そのポイントに応じた対応が必要ですので、メディエーターは、その出来事を見逃してはなりません。

(a) **メディエーションを始めるとき**　認知変容-自己決定モデル（トランスフォーマティブ・モデル）は、対話促進-問題解決モデル（ファシリテーティブ・モデル）と異なり、話合いの進め方も当事者に委ねます。つまり、メディエーターがグランドルールを提示するのではなく、進行の方法や約束ごとも当事者が決めるのです。

メディエーターから「今日の話合いを始める前に決めておきたいことはありますか？」というような投げかけから始まることになり

ます。

　ケースマネジメントにおいても、話合いをどのように進めたいかについても確認していき、話合いになったときには、それを当事者自らが発言できるような支援をしていきます。そのようなケースマネジメントを経た上でも、話合いの席で「どうしたいか？」といわれて、すぐに答えられないことも多いのですが、当事者に自分で決めるのだということを意識していただくためにも、そのような投げかけから始めます。

　(b) 当事者が自分の話を始めたとき　一方の当事者が、自分の視点から話を始めているとき、メディエーターは当事者の状況を注意深く観察し、その人がどんな状態なのか、何を求めているのかなどを観察していく必要があります。

　先の事例でいえば、花子さんは、太郎さんとの今までの生活に対する様々な気持ちや自分で自立したいという気持ち、自立に対する不安などでいっぱいで、太郎さんの気持ちを考える余裕はないでしょう。そのようなときに、花子さんの話から、自分を見つめられているか、相手方の立場を理解しているか、この対立をどのように考えているかなどを観察します。一方、太郎さんも、花子さんからの突然の離婚話に何が何だか分からないような状況で、花子さんと同様、相手方の気持ちを理解しようとする状況ではないでしょう。

　そこで、メディエーターは、当事者がそれぞれ自分の状況を客観的に見ることができるように、当事者の「鏡」になり、当事者の言っていること、態度、雰囲気などを本人に伝えます。このとき、言葉を優しくしたり、雰囲気を穏やかにしたりしないように注意が必要です。

　(c) 当事者間でコミュニケーションを取ろうとしているとき　話合いを続けていると、お互いが意思を疎通させようとする場面が出てきます。

　例えば、花子さんが、太郎さんと話をしようと試みている場面で

も、太郎さんは花子さんとの対話を避け、メディエーターに助けを求める場合もあります。

　また、花子さんは、太郎さんに対してリコグニションシフトが起こって、太郎さんと話したいと思っているのに対して、太郎さんのエンパワメントが十分でないため、あるいは、花子さんに対するリコグニションシフトが起きていないため、しっかりと話し合えない状況です。

　メディエーターは、ここでも、その場で起こっていることを言葉や態度で示し、今、その場で何が起こっているのかを当事者に伝える「鏡」になります。

　　(d) **当事者の言葉や態度が対立しているとき**　一方の当事者の意見に対し、もう一方の当事者がそれに反対する考えなどを主張する場面になると、両者の対立が明確になってきます。そのとき、メディエーターは、当事者が対立点は何なのかをお互いに理解しようとするモードにはいっているかを注意深く観察しながら進行する必要があります。

　先の事例で言えば、太郎さんも花子さんも、それぞれの思いを相手にぶつけ始めた場面が出てくれば、メディエーターが、対立している状況をありのままに映し出しことで、対立している状況を当事者が認識するのを助けます。

　その場合、対立している状況のみに焦点を当てたり、認識が共通している状況のみを映し出したりするのではなく、その場で起こっていることすべてをありのままに映し出さなくてはなりません。言い換えやリフレイミング、課題の設定などをせずに、起こっていることをそのままの状態で映し出します。

　　(e) **進め方を選択するとき**　話合いはずっとスムースに進むわけではありません。当事者の一方が話合いをやめたいと言ったり、どちらも言葉を発しなくなったりすることがあります。そんなとき、これからどうするかを選択する場面がきます。ここでのメディ

4　メディエーションの理論

エーターの役割は、当事者に代わって何かを決定したり助言したりすることではなく、当事者の自己決定を確認することです。

当事者がお互いに今この時間に何をしたいか、今後どのように話合いを進めていくかなどを再度考える機会を提供することが必要です。

(エ) **特徴的なプロセスとスキル**

当事者のエンパワメントシフトとリコグニションシフトの促進の支援のために4つの中心的スキルがあります。

(a) **始まり**　これは、(ウ)の(a)メディエーションを始めるときのスキルですので、具体的な説明は省略します。

(b) **一方当事者の状況を映し出す鏡になる**（リフレクション）一方の当事者が発言したことや表情、しぐさなどすべてを映し出すことをリフレクションといいます。ここで大事なことは鏡が歪まないことと映しているものの形を変えないということです。つまり、対話促進のスキルであるリフレイミングのように、ネガティブなものをポジティブに言い換えすることはしません。

これは言葉だけでなく、言葉以外の状況も映し出します。一方の主張が続いている場合や沈黙が長く続き、一方の当事者が全く話さないような状況では、「私には、Aさんはお話になりにくい状況が続いているように見えますが、そうでしょうか」と言うなど、その場の「今」の状況をありのままに映し出すことに徹します。

ただし、当事者は話しにくいわけでなく、ただ、ずっと考えている場合もあります。話しにくいというのは、あくまでもメディエーターの視点なのです。鏡になって状況を言葉にするときには、メディエーターの目から見ているということを明確にした上で、当事者が訂正しやすいような話し方をすることも必要です。

また、リフレクションは、その言葉を発したり態度をしたりした当事者本人に対してのみ行うもので、「Aさんは、お話になりにくいように見えますが、Bさんはいかがでしょうか」というのはリフ

レクションとは違います。

　(c)　**当事者双方の状況を映し出す鏡になる**（サマリー）　サマリーという言葉は、日本語に訳すと「要約」で、その意味は、ポイントを抽出して、短く言い換えることなので、対話促進の要約と間違われやすいのですが、認知変容-自己決定モデルのサマリーは、当事者「双方」の状況をありのままに映し出す鏡になることを言い、リフレクションの、「一方当事者に対するものである」のと区別されます。

　対話促進-問題解決モデルと異なり、双方の共通点を中心に焦点を当ててハイライトすると、歪んだ鏡になってしまいますので、共通点を映すときには、同時に相違点も映し出します。また、リフレクションと同様に、言葉だけの状況のみならず、言葉以外の状況も、そのまま映し出します。一方の主張のみが続き、もう一方の当事者は話すタイミングを見計らっていると思われる場合などは、「Aさんのお話が続き、Bさんはお話するタイミングを待っていらっしゃるように私からは見えますが、いかがでしょう」などという方法で、その場の「今」の状況をありのままに映し出すことに徹します。

　ただし、これもリフレクションと同様に、あくまでもメディエーターの目から見ているということや感じていることであることを明確にした上で、当事者が訂正できる雰囲気とタイミングを提供するような形で使われていることを忘れてはなりません。

　(d)　**自己決定を確認する**（チェックイン）　リフレクションまたはサマリーとセットで使われるスキルです。

　一方当事者あるいは双方のありのままの状況を映し出した後で、それを前提にした当事者の自己決定を確認するための言葉です。

　例えば、沈黙が続いた状況で「おふたりとも長い間お話になりませんが、これからどのように進めたらよろしいとお考えでしょう」などというのが、チェックインです。

　チェックインは、リフレクションまたはサマリーとセットで使わ

れ、あくまでも自己決定の確認の場を作り出すもので、対話促進-問題解決モデルの質問とは意味やねらいが異なります。

認知変容-自己決定モデル（Transformative Mediation）のメディエーターのかかわり　理念、スキル

*メディエーターが各サインポスティングイベントにかかわるねらいは、いずれもクライアントのエンパワメントシフト、リコグニションシフトに基づきます。

田中圭子　作成

特徴的な出来事（サインポストイベント）	メディエーターのかかわりの考え方	必要なスキル
メディエーションを始めるとき	話合いの流れや話し合いの基本的な考え方を作るのは当事者である	オープニング
当事者が自分の話を始めたとき	それぞれの当事者をありのままに映し出し、自分自身を冷静にみつめ、自分の力を取り戻す機会を持つ	リフレクション（場合によってはチェックイン）
当事者間でコミュニケーションを取ろうとしているとき	両当事者の状況をありのままに映し出し、それぞれが自分自身を見つめなおし、自分自身の力を取り戻した上で、相手との関係性を考え直す時間を持つ	サマリー（場合によってはチェックイン）
当事者の言葉や態度が対立しているとき	両当事者の状況をありのままに映し出し、その後どうするのか自己決定の機会を持つ	サマリー、チェックイン
進め方を選択するとき	これからどのように話し合いをすすめるか、今のこの時間をどのようにしたいのかを決定する機会を持つ	リフレクション、サマリー、チェックイン

（3）対話促進-問題解決モデル（ファシリテーティブ・モデル）と認知変容-自己決定モデル（トランスフォーマティブ・モデル）で表面的に類似するスキルの考え方

　基礎となる理論が異なれば、話合い自体のねらいも異なりますし、スキルも違うものになります。

　しかし、異なった理論のモデルにおいても、その考え方に共通す

る部分もありますので、表面的には似ているスキルを使うことがあります。大事なことは、メディエーターが、今この場は、どの理論に基づいて、何をしているのか、そしてそれはどのような意味をもっているのかを認識していることなのだろうと思います。

では、少し具体的に考えてみましょう。

話合いが進んで、お互いの話や気持ちが表出され始めてきているもののどうも議論がかみあわず、お互いに気持ちのほうが先行しているような場合です。

メディエーターの次の言葉のあと、モデルによってどのように展開が異なるのかをイメージしてみます。

「○×△についてお話されているときに、お互いの話をさえぎりながら話されているように私には見えるのですが……」

- **対話促進−問題解決モデル（ファシリテーティブ・モデル）**
  - 例1　（一方当事者あるいは当事者双方に向かって）「○×△についてお話されているときに、お互いの話をさえぎりながら話されているように私には見えるのですが……○×△について、もう少し詳しくお話していただけせんか？」
  - 例2　（一方当事者あるいは当事者双方に向かって）「○×△についてお話されているときに、お互いの話をさえぎりながら話されているように私には見えるのですが……○×△についてお話になるときの気持ちについて少しお話していただけませんか？」

  メディエーターが当事者のインタレスト（Interest, Needs）を想定しながら、話合いの課題（Issue）を当事者と一緒に探っていきます。

- **認知変容−自己決定モデル（トランスフォーマティブ・モデル）**
  - 例1　（当事者双方に向かって）「○×△についてお話されているとき

4　メディエーションの理論

に、お互いの話をさえぎりながら話されているように私には見えるのですが……おふたりのお話をどのように進めていきましょうか」

例2 （当事者双方に向かって）「○×△についてお話しされているときに、お互いの話をさえぎりながら話されているように私には見えるのですが……この時間をどのように使いたいと考えていらっしゃいますか」

メディエーターは、当事者双方のありのままの状況を映し出し（サマリー）、その後の進行方向について確認（チェックイン）します。

この違いは、そもそもの「○×△についてお話されているときに、お互いにお話をさえぎりながら話されているように私には見えるのですが……」という、メディエーターの言葉のねらいが異なっていることから生じてきます。

対話促進–問題解決モデルでは、お互いのインタレスト（Interest, Needs）が共通しているような部分から課題（Issue）として取り上げていくねらいがあります。そのため、メディエーターが当事者はそれぞれ何について話したいのか、話合いの課題（Issue）を探すために、お互いの状況をまとめながら、質問をしてインタレスト（Interest, Needs）を引き出していきます（前出、田中「聴く力 伝える技術」84頁、潜在する（無意識の）課題の中で決定していく）これが対話のプロセスを管理するということの意味です。

一方で、認知変容–自己決定モデルでは、当事者双方の状況をありのままに映し出し（サマリー）、当事者がどうするのかを決めていきます。メディエーターはその決定を支援する役目ですので、何かを引き出したりすることはしないので、質問はしません。

つまり、スキルというのは、理論から生まれた表面上見えている「形」の部分だけを言うことが多いので、その形が似ていれば、同じ

スキルだと思ってしまうこともありますが、モデルが異なれば、実は、ねらいも異なるのです。

(4) その他

認知変容-自己決定モデル（トランスフォーマティブ・モデル）と考え方が似た方法に、ナラティブ（物語の再構築）・モデルがあります。

カウンセリングの方法に、ナラティブ・カウンセリングという方法があり、その理論をメディエーションに取り入れた方法です。

物語の再構築とは、人はそれぞれ自分なりの解釈でストーリーを持っています。その解釈の違い、ストーリーの違いが葛藤や紛争につながっていることがあります。そこで、その物語を解釈し直し、物語を再構築することで葛藤の克服や紛争の解決に役立てるという考え方です。

対話促進-問題解決モデル（ファシリテーティブ・モデル）と認知変容-自己決定（トランスフォーマティブ・モデル）

田中圭子作成

	対話促進-問題解決モデル	認知変容-自己決定モデル
基本的理論	交渉理論	関係性理論
メディエーションの定義	交渉や対立の場面で、決定権や権威がない第三者が両者の間に入り、両当事者が問題と捉えている課題をお互いに受け入れやすい解決案を自主的に出しやすくするようにかかわっていくこと。継続的な課題や人間関係、感情的な問題、身体的な問題についても取り上げられることがある。Christpher W. More "the Mediation PROCESS" P.15 Jossey-Bass（2003）	当事者自身が対立時に起こっている当事者間の関係性の質を、ネガティブで破壊的なものから、ポジティブで建設的なものに変化させる。第三者はそれぞれの可能性や議論の論点を両当事者と一緒に広げていく。Robert A Baruch Bush and Joseph P. Folger "Transformative Mediation：Theoretical Foundations" Transformatime Mediation A source book P24 Institute for The Study of Conflict Transformation Inc.（2010）
理念の基本的な考え方	問題解決、ウィンーウィン的な解決。表面上に見えている対立点ではなく、お互いに大切に	人が本来持っている解決能力の修復が図られれば、紛争のマイナスの連鎖は逆にプラスの連鎖

4 メディエーションの理論

理念の基本的な考え方	思っていることに焦点をあてることにより、お互いに中立的、客観的な自己決定を導きだす。	になり、相手との関係性に目が向けられ、思いやりのある関係性が再思考され自己決定がされる。
理念としての時間軸と相手との関係性についての考え方	過去に起こったことに対して、今どう考えていて、今後どうしたいのか。両当事者それぞれの時間軸としてとらえている過去から未来に向かっての直線的な考え方。その時間軸の中で相手との関係性についても語られることになる。 →	過去、現在および未来について、それぞれの当事者にとって意味があることについて考える。当事者自身の力の回復と相手との関係性の考え方。縦・横の関係 ↑ 自分自身の力の回復 → 相手との関係性の修復
メディエーターの役割	対話プロセスの管理（ステージの管理）	当事者自身の力の回復（エンパワメントシフト）と関係性の見直し（リコグニションシフト）の支援。両当事者が進めたい話し合いの方法を支援していく。ただし、メディエーターが当事者を「エンパワメントする」のではなく、当事者自身のエンパワメントをメディエーターは受け止め、寄り添い、支えていくこと。
ステージ	ケースマネジメント：ステージ1　一方当事者（申込人）との最初のコンタクト ステージ2　もう一方の当事者（相手方）との最初のコンタクト ステージ3　申込人、相手方がお互いの意見や気持ちの衝突に向きあう準備と話し合いのためのスケジューリング、メンバー調整 ステージ4　両者との話し合いの席で両者それぞれの課題（Issue）を聴く	ケースマネジメント：ステージ1　一方当事者（申込人）との最初のコンタクト ステージ2　もう一方の当事者（相手方）との最初のコンタクト）はあり。 その後はステージ的な概念はない。

ステージ	ステージ5　メディエーターと両当事者の他、参加者全員がそれぞれに課題について一緒に考えていく ステージ6　合意を一緒に創っていく ステージ7　終了とフォローアップ	
ケースマネジメントの方法	メディエーター（ケースマネージャー）はそれぞれの立場からの発言の下にある自分が大切に思っていることに焦点を当てていく。その中で、時には相手の視点からどう見えるかなどにも焦点をあてる。もし、大切に思っていることが相手との関係性についてが関連してくる場合はメディエーターからの質問やその他の方法によって相手との関連性に焦点が当てられる。	メディエーター（ケースマネージャー）はそれぞれの当事者自身の力の回復（エンパワメントシフト）から行い、各当事者が自ら相手との関係性の見直し（リコグニションシフト）の発言をするまで、相手との関係性や相手の立場について、尋ねたり、焦点を当てたりすることはない。
転換機となる特徴的な出来事（サインポスティングイベント）	理論として概念はない	・メディエーションを始める時 ・当事者が自分の話を始めた時 ・当事者間でコミュニケーションを取ろうとしている時 ・当事者の言葉や態度が対立している時 ・当事者が進め方を選択しようとする時
両者がそろった時の話し合いの始め方	グランドルールをメディエーターから提示する。	両当事者自身が必要に応じてグランドルールを決める。
メディエーターのスキル	繰り返し 言い換え 要約 リフレイミング ブレーンストーミング リアリティチェック	・オープニング（話し合いをするのに、ふたりでどのようにするのかを決めていくのを支援する） ・一方当事者のありのままの状況を写しだす(リフレクション) ・両当事者のありのままの状況を写しだす（サマリー） ・当事者の自己決定を確認する（チェックイン）
質問	閉じた質問、疑問詞の質問、開かれた質問	しない

4　メディエーションの理論

●5● わが国におけるメディエーションの活用方法

(1) メディエーション利用の現状

ところで、メディエーションは、実際にはどのような場面で利用されているのでしょうか。アメリカやイギリスなどの海外では、裁判所からメディエーション機関に事件が付託されるシステムもあるようですが、わが国では、裁判所との連携は十分でない状況です。

ただ、わが国でも、裁判外紛争解決手続の利用の促進に関する法律（以下「ADR法」という）の施行以来、法務大臣の認証を受けて民間調停を実施する機関は増加しており、その中にはメディエーションの理念や手法を取り入れている機関も多くあります。

また、分野という点では、医療の分野では社団法人日本医療メディエーター協会により、医療メディエーターの認定研修会が全国で実施され、1万人以上が受講し、2800名以上の方が認定を受けています。また、一般社団法人メディエーターズでは、介護の分野での利用を検討しており、「介護メディエーター」を商標登録し、介護メディエーターの養成を進めていく予定です。

その他にも、企業内や学校内では人間関係の問題を扱うことが多く、それらはおおむね「正解のない」問題といえます。そのようなケースでもメディエーションの効果が見込まれます。さらに、人間関係という点では、家族だからこそ言えないこと、あるいは言い過ぎてしまうことがあります。相続や離婚といった感情の整理が必要な場面で、メディエーションは他の紛争解決方法より適していると考えています。

(2) 諸外国との比較において

わが国では、ADR法の施行により、民間が実施するADRとしてメディエーションが広まってきました。しかし、欧米などでは、裁判所が民間機関と連携することで利用されてきたものであることを考えると、欧米のしくみをそのまま、わが国の調停・ADR制度の中

に当てはめようとすることには、無理があります。

　諸外国では、メディエーションが利用されてきた歴史がわが国よりも長いだけでなく、裁判所のシステムにおいても、メディエーションと同時並行的にカウンセリングが行われるなど、多様なサポートのシステムがあることもわが国と大きく異なる点です。

　また、欧米などで「メディエーション」と同じ言葉を使っても、今まで述べてきたように基礎となる理論によってかなり方法は異なります。また、「対話促進-問題解決モデル（ファシリテーティブ・モデル）」と言っても、コミュニティで行われているものと、法律家が行っているものでは、理論は同じにもかかわらず、その方法は異なる場合があります。世界的にみて、同じ「メディエーション」という言葉を使っていても、使う人によって、使う場面によって、その意味や方法が異なっているといっていいでしょう。

　例えば、話合いの中で、別々に話を聴く「コーカス」（イギリスでは「セパレートミーティング」）に対する考え方やその中での法的論点をどう扱うかという方法に関しては、メディエーション機関によって異なる場合があります。また、グランドルールの説明、プロセスの考え方なども機関によって異なります。そのため、メディエーション機関は、トレーニングの中で、メディエーターがその機関独自の方法を理解、習得したかのアセスメント（到達点の確認テスト）を実施した上で、メディエーターを名簿に登録するのです。

　現在、わが国では、ADR法による認証紛争解決機関は130以上ありますが、それぞれの機関も持つ理念や方法については、必ずしも明確ではありません。それは、認証紛争解決機関の多くは、いわゆる士業団体であり、純粋な意味での民間と言えないことにも原因があるのかもしれません。そんな状況の中で、利用者が、利用したい機関の理念や方法を知ることは極めて困難です。

　一方、欧米では、当事者がメディエーションという方法を選択する場合、その機関はどのような機関なのか、さらに、メディエーショ

ンの中でもどんな方法をとっているのかを理解した上で利用します。
　機関を選択すると同時に、当事者がメディエーターも選択することが多く、その場合は、自分が選択しようとするメディエーターの考え方やトレーニング経験、職業などの背景などを把握した上で、自分に関わって欲しいメディエーターを選択することも多いのが実情です。
　わが国でも、メディエーションの紹介、導入期を経てメディエーションをそれぞれの現場でどのように活用するのかを考えていかなければいけない時期に移行しつつあると言えます。
　民間機関におけるメディエーションの活用、調停におけるメディエーションの考え方の活用、法律家の実務におけるメディエーションの考え方の活用について考えてみます。

(3) 民間のメディエーション機関におけるメディエーションの活用

　民間のメディエーション機関は、その設立の時点において組織として理念や活動方針が決定しているのが通常です。メディエーションの中でも、何を目的にし、どのモデルで実施していくのかを明確にしていることが前提となります。
　また、自分たちの組織の考え方や特徴を利用者に理解してもらうことも必要です。メディエーションの良いところのひとつに手続が柔軟であることがあげられますが、これは、メディエーターにとって都合のよい手続の柔軟さではないはずです。問題は、当事者がどのようなモデルを希望しているのか、当事者が何を求めているのか、そして当事者のために、自分たちに何ができるのかを組織としていかに考え、それを実行していくことができるかという点にあるでしょう。例えば、認知変容−自己決定モデル（トランスフォーマティブ・モデル）の理論に基づいてメディエーションを実施するのであれば、一貫性をもつことが大前提になります。
　このことは、組織として、メディエーターを訓練するトレーニングを実施するうえで、また規則やマニュアルを作成する段階で徹底

されているべきです。

　ただ、実際には現在のところ、認知変容-自己決定モデル（トランスフォーマティブ・モデル）については、まだ十分にトレーニングの機会もなく理念が周知されている段階ではありません。一方、対話促進-問題解決モデル（ファシリテーティブ・モデル）については、かなりトレーニングを実施する機関多くなってきているようですが、実務に基づいた十分なトレーニングが行われているとは言い難いでしょう。

　欧米の複数の機関でトレーニングを受けてみると、同じモデルでメディエーションを実施している機関でも、その機関ならではの方法をアレンジしていることが分かります。もちろん、前提としてどのモデルを選択しているのかということはありますが、そのモデルや新しい理念なども十分に加味、検討されながら、機関ごとにアレンジが加えられています。

　これらの工夫は、実務を積み重ねる中での当事者の様子や状況、メディエーターの苦悩などによって生まれてきたもので、とても貴重なものです。実務に変更点があれば、トレーニングも変更されることになり、それがメディエーションの発展に繋がっていると感じます。

　将来的には、わが国も同じような状況になることは間違いありません。しかし、今の段階ではメディエーション先進国の経験者の話を参考としつつ、まず、基本的な理論・理念に基づいたしっかりしたメディエーションを実施することが先決です。

　その上で、工夫すべき点は改良していくことが必要なのではないでしょうか。

　　（ア）　認知変容-自己決定モデル（トランスフォーマティブ・モデル）
　　　　を実施することの意義

　メディエーションは、メディエーターが当事者をしっかり見つめ、しっかりと寄り添うのが原則ですが、対話促進-問題解決モデル

（ファシリテーティブ・モデル）は、ケースマネジメントの段階からコンフリクトマップなど相手のインタレストにも視点を置くことがあります。入り口の段階から、相手側のポジションやインタレストを聴くことは、当事者にとってかなりの混乱や精神的プレッシャーを引き起こすような場合もあります。

まずは、初めの段階で、当事者自身が自分の置かれている状況をしっかりと見つめ直し、エンパワメントシフトとリコグニションシフトにより相手をも見つめ直す中で、どういう方法をとっていくかということを自分自身で決定していく認知変容-自己決定モデル（トランスフォーマティブ・モデル）の考え方のほうが、当事者にとっても優しく、分かりやすいものであると多くの場で感じています。

少し時間がかかるかもしれませんが、当事者双方が自らを客観的に見つめ直すということは、日本人の国民性に合っているとも考えています。

しかし一方で、わが国で当事者や利害関係者がそろった話合いを持とうとする場合、メディエーションが盛んな欧米と比較して異なる事情があることも否定できません。例えば、欧米人と日本人では、議論の活発度や「沈黙」の意味づけが異なるように見えるときがあります。これは、「アメリカ人やイギリス人は議論する事や、自分を主張することに慣れていて、日本人はそういうことに慣れていないから、誰かが助けないと決定できない」という趣旨ではありません。

欧米でも当事者の性格によって違いがあることは間違いありません。しかし、わが国では、相手と面と向かったときに、議論を戦わせるというよりは、沈黙の時間が長く、お互いに言いたいことを言いにくそうにしている時間が長くなるということが起こることが多いように思います。

しかし、たとえ時間はかかっても、入り口からしっかりと、自分を見つめ、相手への影響を考えることを繰り返していくことで、お互いの意見をきちんと言い合うようになったりすることも、思った

以上に多いことも事実なのです。

　このようなことから、現在では、あまり広まっていませんが、多くの民間機関が、認知変容-自己決定モデル（トランスフォーマティブ・モデル）を実施していくことも、わが国にメディエーションを普及させる方法のひとつなのかもしれません。

(4) 裁判所の調停の場での活用

　裁判所の調停は、具体的な方法論を組織として統一的にトレーニングする機会がないため、具体的な行動は調停委員個人の経験や知見などに委ねられています。

　一方で、メディエーションのトレーニングなどに現場の調停委員が参加することも増えてきており、多くの調停委員がメディエーションに興味をもっています。これは、自分の抱えている調停の現場で起こっている問題や悩んでいることが、メディエーションの理論やスキルを使えば役に立てる部分が多いと感じているからではないでしょうか。

　裁判所の調停の場で、どのモデルであっても、メディエーションのモデルを一貫して行うことは難しいことは、ここまで読んでいただいた読者の皆さんにはお分かりかと思います。調停調書が債務名義となるため、どうしても法的根拠に基づくことが必要となることも多く、純粋な意味でメディエーションの理論でメディエーターの役割を一貫して果たすことは困難であることは間違いありません。

　では、調停の一部にメディエーションの理論やスキルを持ち込むことはどうなのでしょうか。

　紛争の当事者はとても敏感です。もし、理論に基づかず、スキルのみを利用しようとすれば、それは両当事者にも「表面的な軽いもの」として見破られることは間違いありません。それでは、スキルの効果は発揮されません。

　調停は、別席で行われることも多く、債務名義という側面からはプロセスよりも解決の内容に焦点が当てられることも多いのも実情

です。しかし、当事者のコミュニケーション無しに本当の意味での紛争解決ができるのか、また、当事者が自分自身や紛争そのもの、そして相手方と向き合うことなく紛争を解決していくことは、紛争解決の中でどのような意味をもつのかを見つめ直す必要があると考えます。また時代の流れの中で多様な人生が繰り広げられ、人生経験によって培われた関わり方や、説得や調整の仕方では対応できれないような時代になり、調停委員の関わり方も一様ではない時代になりました。

　そのような疑問を解決し、調停をさらに意味のあるものにするためには、当事者がお互いに自分のことや相手のことをしっかり自分自身の言葉で語り、そしてお互いに聴きあう、メディエーションの理論やスキルが役に立つことは間違いないと思います。

　しかし、調停とメディエーションは別のものです。安易に一部だけを借用して利用することのデメリットも考えなくてならないでしょう。

　メディエーションの理論とスキルを使う場面としては、例えば、裁判所のプロセスの中では、メディエーションのケースマネジメントにあたる部分がありませんので、その部分を補うためには、エンパワメントシフトとリコグニションシフトの理論とスキルは、とても役立つと思われます。また、同席できないことを補完するためには、コミュニケーションの仕組みや理論に基づき、例えばお互いに発信している非言語の部分を調停委員から発信する方法を工夫する必要がありますが、これは同席調停の意味を理解し、体験することでより精度の高いコミュニケーションを工夫することができるようになるでしょう。もちろん、調停で当事者のコミュニケーションの促進を図るために同席で調停をするのであれば、対話促進の理論とスキルは、とても大きな効果をもたらすはずです。

　その他にも例えば、最終的な合意の場面でも、調停委員から解決案の提示をするよりは、当事者が解決案を考えることにも大きな意

味があると思いますので、ブレーンストーミングを行うことも考えられます。

(5) 法律家の実務として
（ア） 訴訟事件において

裁判とメディエーションは、そのねらいとするところが異なっており、訴訟手続きの中で、メディエーションの考え方を直接活用することは難しいような気がします。

代理人としては、訴訟上の戦術の邪魔になったり、中途半端に話合いをして依頼者に不利な和解になったら困るとか考えるかもしれません。もちろん、そのようなケースもあるでしょうが、訴訟だけでは十分な解決ができない紛争もあることも事実です。

訴訟後にメディエーションをするというケースもあるかもしれませんが、一般的には、まずメディエーションをしてみて依頼者の納得が得られなければ訴訟という方法がいいのかと思います。もちろん、メディエーションの場で他方当事者から提出された証拠や証言を訴訟の場で使えるのかという難しい問題は残ります。現在でも、ADR法による認証紛争解決機関の多くは、その規則の中で、話合いの場で出された話や証拠などは、その後の訴訟に利用しないというルールを定めています。

しかし、メディエーションで相手方と対話をする中で、頑なであった依頼者の気持ちが少しでも和らぐことがあれば、訴訟や和解もしやすくなるのではないでしょうか。

ただ、一方の代理人がメディエーターとして和解の仲介を行うことは、中立性の観点から問題があるでしょうから、他のメディエーターに依頼する必要があります。

（イ） 訴訟以外の紛争解決方法として

和解交渉の代理人として紛争解決に携わることは、第三者としてのメディエーターとしての立場とは異なることは言うまでもありません。

しかし、交渉の場で、メディエーションの考え方である相手の考えや立場を理解するということを意識しながら、交渉することは有意義なのではないでしょうか。特に、対話促進-問題解決モデル（ファシリテーティブ・モデル）の基礎となる理論は、交渉理論ですので、とても参考になると思います。

　交渉の相手方も人間ですから、強く言われれば、強く反応します。相手の話も聴き、理解を示しながら自分の意見を主張することができれば、タフな交渉も思いの外、うまくいくかもしれません。

　また、紛争であるものの、それが必ずしも法律的な観点では組み立てることができないケースも多いと思います。そのような場合は、原因がどこにあるのかを含め、メディエーション（どのモデルが良いのかは紛争の内容や当事者の関係性などによる）を活用するのが効果的です。

（ウ）　相談の場で

　相談者との信頼関係を構築するうえで、メディエーションの考え方やスキルは、とても効果的です。あるいは、当事者の主体性を尊重するという視点からも、メディエーション特に認知変容-自己決定モデル（トランスフォーマティブ・モデル）の考え方やスキルは、活用する価値はあるように思います。

　相談者がしたい話をするということはとても重要なことです。質問から入るのではなく、結論を決めるのではなく、まず、相談者自身が自分のことをしっかり見つめることができる状況をつくることに心がけると相談者の納得度も高くなります。

　対話促進-問題解決モデル（ファシリテーティブ・モデル）でも認知変容-自己決定モデル（トランスフォーマティブ・モデル）でも、メディエーションという考え方は、「専門家」と言われる人たちのあり方を考え直すひとつのモデルであるように思います。決めるのは、専門家ではなく当事者であり、専門家は当事者の自己決定のための支援をする。その支援の方法には、いくつかの考え方があり、方法論があると思いますが、当事者が主体であるという理念に変わりはないはず

です。

(6) 今後の活用上の課題

　民間のメディエーション機関、裁判所の調停、法律家実務とそれぞれの場合におけるメディエーションの活用方法を考えてきました。

　司法制度改革以来、わが国のメディエーションが十分に普及したのかといえば、それには疑問が残ります。その理由のひとつは、メディエーションと調停の差別化ができていないことであり、もうひとつは相談機関や法律家との連携ができていないことでしょう。

　調停と民間メディエーションとどちらが良いとか悪いとかではなく、それぞれには、それぞれのねらいがあります。そして利用者にとって、それぞれの方法が最初から最後まで一貫したものでなければとても分かりにくいものとなってしまうでしょう。まさしくメディエーションと同様で、お互いの違いを認めつつ、それぞれが生かされていく方法を考えていく必要があるのです。

　民間のメディエーション機関は裁判所の調停とその扱う事件数を競うのではなく、自分たちがメディエーションを通してどのように社会を見据えていくのかという点を考えて、それぞれの理念に基づいて、組織としての理念に基づく理論を選択し、所属するメディエーターの質を維持向上させていくことこそが必要なのです。

　また、調停では、メディエーションの表面的スキルの「良いとこ取り」をするのではなく、調停委員各人が自分がしていることの理論上の意味を認識し、また裁判所としての調停の理念はどういったものなのかを改めて問う必要があるのではないかと考えます。

　それぞれ、ねらいが異なるのであれば、それぞれの組織ですべてを行うことを目指すのではなく、それぞれができることを繋げていくことが必要でしょう。民間のメディエーション機関で、「法的根拠に基づいて執行力のある和解がしたい」という希望が強い当事者がいれば、場合によっては、裁判所の調停という道を案内する可能性もあるでしょう。一方で、「申立て時の相手方と異なる人と話し合い

たい」など、話合いに柔軟性が求められるものには裁判所から民間のメディエーション機関を紹介したり、協働していく事も必要になってくるでしょう。

　将来の紛争解決機関同士の協働や連携のためにも、それぞれの現場に携わる専門家として、自分たちがどのような理念で、何を目指しているのかを常に意識し、そして自分たちがすべきことを着実に実践してことが必要です。

Q & A

Q: わが国にメディエーションはどの分野で導入されているのでしょうか？

A: 和田仁孝

　1990年代後半からADR法が施行された時期、様々な職能団体でメディエーションの理念を学び導入しようとする気運が高まりました。しかし、制度の中でメディエーションをそのまま活用できている機関は皆無に等しく、個々の担当者が部分的に活用しているレベルにとどまっています。

　他方、メディエーションを第三者機関の手続モデルとしてではなく、対話促進の調整スキルとしてとらえるならば、医療の現場で普及し非常に大きな成果を挙げています。2005年から人材育成が始まり、2012年には厚生労働省が院内にメディエーション技法を習得し患者対応する人材（医療対話推進者）が配置されている場合には、診療報酬をつけるようになりました。この10年間で、のべ16,000人程度がメディエーション研修を受講しています。医療メディエーターの認定制度も整備されているほか、台湾、中国などでも、日本のモデルを移植する動きが進んでいます。

　こうした動きが、今後、他の領域にも広がることが期待されます。

A: 安藤信明

　弁護士などの法律家の一部には、紛争解決業務に対する考え方として、メディエーションの理念を活用している人はいるようですが、制度として導入という段階ではないと思います。

　分野ということで言えば、介護が必要な高齢者が増え、介護施設や介護サービスを巡るトラブルは増えているようです。介護のように今の関係を壊さずに問題を解決する必要性があるものには、メディエーションは適した方法ですので、介護メディエーター®の養成など介護の分野での導入が期待されます。

A: 田中圭子

　学校教育分野で子ども同士のもめごとを子どもがメディエーターになって解決をはかっていく、ピアメディエーションが徐々にはじめられています。現在ではピアサポート（学校内の仲間をお互いに助け合うサポート方法）の一環として導入されたり、道徳や法教育の授業でメディエーションの授業が行われている学校が多いようです。

Q: メディエーションと調停の違いをもう少し詳しく教えてください

A: 和田仁孝

　一般には、わが国の調停では、当然に、調停委員が解決案の提案を行うなど積極的に解決の内容に介入するのに対し、メディエーションでは、メディエーターはあくまでも対話促進を行うのみで、解決の内容には介入しません。また、わが国の調停では当事者は対面せず、別席で行われることが多いのですが、メディエーションでは、同席で進行するのが基本形となっています。

　ただし、メディエーションにも、実は様々なモデルや考え方があり、「言葉」というものの常で、海外でもいろんな意味で用いられています。そのひとつに、評価型メディエーションというのがあります。これは、日本の調停と相似しているモデルです。しかし、一般にメディエーションという場合には、評価はせず、対話促進に専念することを指します。したがって、日本の調停は、メディエーションの中の1つの特殊な類型といっていいかと思います。

A: 安藤信明

　メディエーションと裁判所の調停は、どちらも当事者による紛争の解決を目指しているという点は同じです。いろいろな視点から比べることはできると思いますが、一番の違いは、裁判所の調停は紛争の解決がメインであるのに対し、メディエーションは必ずしも紛争の解決にはこだわらないと言える点ではないでしょうか。

また、「裁判所」という場所の特性もあるのではないでしょうか。当事者にとっては、調停委員も裁判官も、「裁判所の人」であり、少し距離をおいた感じがあるかもしれません。民間で行うメディエーションは、場所や時間、メディエーターの服装も裁判所ではできない様々な工夫をすることができることも違いといえば違いかもしれません。

A: 田中圭子

本書での調停は、裁判所の民事調停、家事調停をイメージしています。一番の違いはメディエーションは、手続きや進め方をメディエーターと一緒に当事者が決めていくのに対して、調停は民事調停法、家事事件手続法などにより、ある程度の決まりごとがあることでしょう。

調停とメディエーションの違いを考える場合、理念（Being）と実際の行うスキルなど（Doing）、システムの違いから考えてみます。

(1) 理念（Being）と実際に行う際のスキルなど（Doing）

例えば、認知変容-自己決定モデルを考える場合、「メディエーターは当事者が本来持っている力を発揮できるような場を作っていく支援をし、当事者の自己決定を支援する対話を支援していく」ことです。しかし、これはまさしく調停委員の理念そのものと思う方も多いでしょう。また、「メディエーションは結果や解決が目的でなく、プロセスを重視する」とすることも、あまり説得力がないように私には感じられます。調停ではたとえ不調におわっても、調停の場をもつ意味というものを一緒に考えながら、当事者同士の語りを一つひとつなげていき、当事者の意思決定を支援していくのも調停の理念の１つでもあります（話合いがまとまらないにしても、お互いに調停で語り合ったことがどういう意味をもつのかという点について一緒に考える）。

「調停」を民事調停、または家事調停その中でも養育費や、婚姻費用、遺産分割など経済的、あるいは法的にある程度の枠や基準が決まっているものをイメージするのか、それ以外のものをイメージす

Q&A 53

るのかで、調停に対する印象がかなり異なるのも事実です。家事調停などの円満調停、あるいは調停を申し立てた（あるいは申し立てられた）もののお互いの意思は固まっていない、自分がどうしたらよいのか分からないなどの当事者の方と接する場合、面会交流、たとえ経済的、法的な問題の合意をしたとしてもそこに人間関係やお互いの気持ちが複雑に絡みあっている時など、私は理念的には調停とメディエーションの違いを明確に見る事は難しいと思います。

　あえて違いをあげるとすれば、調停が「当事者から語られるストーリーを第三者である調停委員がそれぞれの経験や法的あるいは各自が持っている専門的知識をもとに支援し、それぞれのストーリーを調停委員がつなぎながら当事者の意思決定を支援していく」のに対し、メディエーションは「原則として当事者同士の対話、あるいは当事者自身の語りの中から、当事者自らが気づき、当事者自らの意思決定をそれぞれの理論に基づいたトレーニングを受け、習得したメディエーターが支援していく」のが違いなのかと考えています。しかし、一方でケースマネージャー（それぞれのお話を伺いながら、それぞれの意思決定を支援していく）の役割と、調停のはじめの方の期日に近い部分があることも、強い印象です。

　では、実際スキルとよばれるようなDoingの部分を考えてみましょう。調停にどういったスキルが求められているのかは明確ではありません。しかし、調停委員の資質は調停委員それぞれの経験や専門知識に基づいており、また法的判断や知識をもつ裁判官が一緒であることから、調停におけるdoingは法的枠組みや見識以外、スキルとして明確なものがありません。スキルといわれるような、例えば聴き方や伝え方などはそれぞれの調停委員の経験的見識に任されているところが多く、スキルに関してトレーニングが行われたりすることは、滅多にありません。一方、メディエーションではそれぞれの理論にもとづいたトレーニングが行われており、そこでは、理論にもとづいたスキルが理論的かつ体験的に習得され、実際に実

務で生かされることを求めています。スキルも使えばよいというものではなく、理論上どのようなねらいがあり、それを実務の上で行うことの矛盾や葛藤を乗り越えるだけの体験的習得が求められているのです。もちろん法的部分を無視しているわけではなく、メディエーターと法的視点の役割が区別され、たとえ法的に十分な知識や経験があったとしても、法的視点は主にメディエーター以外の協力体制（弁護士やその他の法的専門家）が専門家として参加することで協力体制を築きます。

では、システム的な違いを見てみましょう。

(2) 実際の実務システム

例えば、まずそれぞれの入り口について考えてみましょう。調停は申立人が申立書に相手方を記載し、それを裁判所に提出することで裁判所から相手方に通知がいき、調停の手続きは始まります。一方メディエーションでは、メディエーター（あるいはケースマネージャーが）まず申込人に話をうかがいます。その結果、当初は相手と思っていた人とは違う人と、話合いを進めたほうが、納得がいくという考えに至る場合があります。本文中の事例を考えてみましょう。申込人が妻、相手方が夫と思っていた場合でも、妻にとってはまず夫の両親や子どもと話すことが大切だったりすることもあります。

調停の場合、期日の初期の段階で個別に話を聞くときはこのケースマネージャーの役割を果たしていることも多くあります。当事者によっては本人同士が話し合う必要があると考える場合があり、裁判所や調停委員会によっては同席で話し合うことも最近増えてきました。しかし、決定的な違いは、メディエーションが申込み時の相手方以外の人との話合いをアレンジできるのに対し、調停は申立ての段階で相手方が確定されているため、申立て後に別の人と話し合いたいと思っても、別の機会を設けなければなりません。

調停の席ではメディエーションの準備段階と異なり、当事者がすでにそろっているので、調停委員としては両当事者がここに至るま

でどのようなプロセスをたどってきたのかということを想い、そこを一緒に考えていくことも大切になります。メディエーションでは、準備段階であるケースマネジメントというシステムが、重要な役割として存在しているということも明確な違いでしょう。

　また、事業承継やファミリービジネスが関係している離婚など、民事と家事が混合しているケースもあります。その場合、調停ではそれぞれの調停で扱える範囲が決められているため、民事、家事双方で申立てをしなければなりませんが、メディエーションは、機関にもよりますが、一度に話し合うことも可能です。当事者にとって2つを明確に分けることはできず、それぞれが交錯しあっているのが実状です。複数の問題を一緒に話し合うことによって、当事者にとっては物理的、精神的負担が軽くなることは間違いありません。

　次に途中段階について考えてみます。調停では調停委員、裁判官、調査官、技官、代理人以外のメンバーはたとえ家族であっても原則的に話合いには直接参加することは出来ません。メディエーションは、話合いに誰が出るかというのを当事者が決めていくことになり、両当事者の方たちが同意すれば誰でも、途中からでも参加できます。またカウンセラーやその他、その問題をご本人たちが解決に向かう上で必要と感じており、かつ両当事者が合意すれば話合いに参加することができます。

　最後に出口について考えてみましょう。調停は調停調書を作成し、その調書には裁判所の判決と同じ効力があります。一方、メディエーションは、合意内容を公正証書などにしないかぎり、強制力はありません。メディエーションの結果を一度試してみて、また話し合う、そしてまた試してみる。といったことが出来ます。

　どちらもそれぞれの特徴があります。最初の相談の時点で、その方が直面している問題と、その方がどのように手続きを踏まれていきたいのかを一緒に考えていく必要があります。

　メディエーターでも調停委員でも、自分が行っていることのBeing と Doing をいかに一致させていくのかということが重要であり、それぞれを比較して敵対視するのでなく、お互いに持っている利点を上手に選択し、共存できるようにしていくのが、これからの私たちの役割なのではないでしょうか。

Q: メディエーション、ファシリテーション、カウンセリングの違いは何ですか？

A: 和田仁孝

　技法や理念の面で共通項も多いのですが、適応される対象・場面に応じた大きな差異が存在します。メディエーションは、何より多くの場合、価値・利害・認知などの対立ないしコンフリクト状況への対応が予定されています。ファシリテーションも、価値や意見の相違を含む場面での対話過程を促進する点で似ていますが、メディエーションの場合は、より深い対立関係への対処が課題となっていると言えるかと思います。カウンセリングは、背景にコンフリクト状況があったとしても個人の心理的問題の克服であり、複数他者間のコンフリクト状況を念頭に置くメディエーションとは異なります。しかし、対話や受容・共感など、主に技法面で共通する部分も多いかと思います。

A: 田中圭子

　主には、ねらいの違いなのかと私は考えています。もちろん、メディエーション、カウンセリングなど、それぞれ違った理論があり、一概に一般化しては言えないと思います。ただし、カウンセリングの入り口やねらいが主にメンタル的なものに焦点が当てられているのに対し、メディエーションの入り口はクライアントを含む人と人との対立が入り口です。メディエーションを進める中で、カウンセリング的効果が出ることもありますし、カップルカウンセリング、親子カウンセリングなど、夫婦や親子のカウンセリングにおいては、カウンセリングを進める中で対立について扱うこともあります。理

論上も重なっている部分も多いのが事実です。

　ファシリテーションはわが国では主に、会議の進め方などに使われていますが、会議の中で対立がある場合ももちろん含まれており、それはメディエーションに近い部分もあります。

　しかし、心に留めておかなければならないのは、例えばメディエーションの場では私はメディエーターであり、カウンセラーではないということです。つまり、自分のねらいや役割、その場にいる目的を自分自身の中で明確にし、どういった理論に基づいた上で、自分が何をしようとしているのか、自分自身の中での being と doing を一致させることを常に心がけています。

Q： メディエーションが最も効果的であるのはどんなときでしょう？
A： 和田仁孝

　関係性に関する感情的な対立や、問題についての認知の仕方の対立があるような場合に、対話を通じて、認知の変容を促すことで、解決へ向けた認知共有を進めていくのに効果があると思います。医療現場でのメディエーションは、まさにそうしたケースといえるでしょう。他方、利害に関わる対立がある企業間の争いなどの場面でも、より深い利益に着目し生産的解決を生み出していくためにも有効かと思います。これに対し、価値・信念レベルでの対立が激しい場合には、対応が難しい場合が多いかと思います。

A： 安藤信明

　紛争の解決という視点だけではなく、当事者を様々な方法で支援する必要があるようなケースでは、メディエーションが効果的だと思います。また、感情のもつれが原因で、頭では理解しているが気持ちが許せないような紛争の解決には効果的ではないかと思います。

　紛争の当事者には、様々な事情があり、今起きている紛争を解決しても、それでは根本的な問題の解決にならない場合もあります。

メディエーションの場では、その人の生活を維持するのに利用できる社会資源を活用することを一緒に考えていくことができます。

直接、紛争の相手方と話をすることで、自分の気持ちを整理し、見直すことができ、行動に移すきっかけになることが期待できます。

A: 田中圭子

メディエーションがもっとも効果的であるのは、お互いの力関係が均衡で、お互いに話し合いのよって解決したいとモチベーションが上がっている場合と考えます。

しかし、一方で例えば両方の間に力の差があるとき、両当事者の考えやアイデアによってサポート体制を同時進行できるのもメディエーションの柔軟な長所です。

もちろん、代理人によるサポートはメディエーションではなく、調停でも得られますが、カウンセラー、福祉関係者など当事者の事情や背景によって必要なサポートと同時にそしてお互いに連携しながら、進行していけるのがメディエーションです。

そういう意味では、型にはめられない、柔軟性を要するケースがもっともメディエーションに効果的といってもよいのではないでしょうか。

第2章
調停者・メディエーターのための実践方法

●1● メディエーターに必要なもの

　第2章では、メディエーターとしてメディエーションを実践する場合に必要なものについて考えてみます。まず、第1章の事例について考えてみましょう。
　このふたりのもめごとの間に入ろうとするとき、みなさんはどのようなことを考えるでしょうか。働きながらひとりで子どもを育てて生活していくことは大変なので、夫の仕事のためにある程度のことは我慢した方が本人のためだと妻を説得するのがいいと考える方もいるでしょう。あるいは、夫にもう少し家庭のことも考えるようにと助言するのがいいと考える方もいるでしょう。もしかしたら、人生の先輩として、自分の経験を語り、双方に考えてもらうという方法をとろうとする方もいるかもしれません。また、法的に考えて、こういったすれ違いでは、法律上の離婚原因には当たらないので、離婚は難しいと説明することもあるのかもしれません。
　しかし、ふたりの間で起こっていることやそれぞれの気持ちが、第三者の視点から切り取られて、それを前提に何かを決められてしまったり、第三者の論理や価値観のみで判断されてしまったりすれば、当事者であるふたりは、どんな感じがするでしょう。
　その話が自分のことではなく、他人の話か何かのような気持ちがしたり、結論に納得がいかなかったり、自分の中のモヤモヤが募ったりするのではないでしょうか。
　ところで、紛争や対立が起こっている時、当事者は自分がどんな状態にあると感じているのでしょうか。また、その時、相手に対してどんな感情を持っているのでしょうか。
　まず、紛争や対立の渦中にいるとき、当事者は自分の事をどのように見ているのでしょうか。「自分なんか消えてなくなってしまえばよい」「どうして自分の事を分かってくれないんだろう」と落ち込んでしまう人もいます。自分に自信が無くなり、声が小さくなった

りする人もいるでしょう。逆に必要以上に攻撃的になり、声や態度が大きくなる人もいるでしょう。

　相手に対してどのような感情を持っているかは、態度に現れます。相手と直面することを避け、逃げようとする人もいるでしょうし、逆に相手を責めることに終始する人もいるでしょう。

　このように、紛争や対立に直面した時、当事者の言動や態度は、一様ではなく、人により異なるのです。このことを忘れずに、第三者として紛争や対立の場に関わっていくことが必要なことなのです。

　では、そのような状況で、メディエーターはどのように関わればいいのかを考えてみましょう。

　当事者は、そこでメディエーターに何を求めているでしょうか。「どうすればよいのかアドバイスして欲しい」「自分の気持ちを聞いて欲しい」「自分の話を相手に伝えて欲しい」「冷静な話合いができる場を提供して欲しい」など、人によってまたは状況によって求めるものも異なります。

　メディエーターに望まれることは、当事者の紛争について自分の価値観によって、話合いを進めていくことではありません。

　まず、当事者がどのように関わって欲しいと思っているのか、どういった方法を希望しているのかを確認する必要があります。これは、最初の段階だけでなく、話合いの途中でも確認していくことが必要です。話合いをしているうちに、当事者の求めているものや望んでいる方法が見えてくることもあるからです。その時に、いかに柔軟な対応ができるのかがメディエーターとしての出来、不出来の分かれ目です。この柔軟な対応には、メディエーターにできないことは他の機関や専門家と連携をとることも含まれます。

　ところで、日常生活の中でのもめごとに個人的に関わることもありますが、紛争や対立に専門的に関わるのは、弁護士や司法書士、調停委員、教師などが職業的に関わることがほとんどではないかと思います。

しかし、専門家が関わる場合にも、わが国では、メディエーターや調停者になるための資格制度は無く、トレーニングシステムもほとんどありません。それぞれの専門分野における知識や職業としての経験を拠り所にしているのですが、もめごとに第三者が無意識に介入することほど怖いことはありません。職業として、紛争や対立へ関わるのであれば、自分の役割は何か、どのような関わり方が必要なのか、そして自分が関わることの影響力について自覚している必要があります。このようなことを自覚するためには、トレーニングを通して自分を俯瞰的に見つめることを学び、メディエーションの理論を理解することが有効です。さらに、理論を実践につなげるためには、いわゆる「スキル」の目的と影響を常に念頭に置き、理論に基づいているかの検証を忘れてはならないでしょう。
　ここからは、「スキル」を中心に、メディエーターとして必要なものを確認していきます。

(1) 総論
㋐ 理念・理論を理解し、実践すること
　第1章でも書きましたように、メディエーションにもいくつかの考え方があります。どのモデルが良くて、どのモデルが劣っているという話ではありませんが、メディエーターとしては、その違いをよく理解して実践することが求められます。
　理念とスキルの関係は深い結びつきがあります。それは、スキルは理念を実現させるための方法ですから当然のことです。理念を理解せずにスキルだけ覚えても百害あって一利なしと言えるでしょう。また、理念を頭で理解したつもりで自己流で実践しても、理念を実現することにはなりません。
　理念や理論を実践するための方法が「スキル」です。表面に見える上澄みである「スキル」が使えても意味がありません。また理念を分かったつもりになっても、その目的や影響を理解して自分の実

務に結び付けていなければ、何の意味もないのです。理念はあり方beingでスキルは方法doingであり、常にbeingとdoingは一致していなければ当事者が混乱するのです。

第1章で詳しく紹介した2つのメディエーションのモデルについて、理念とスキルの関係をまとめてみましょう。

①対話促進-問題解決モデル (ファシリテーティブ・モデル)		②認知変容-自己決定モデル (トランスフォーマティブ・モデル)	
目的・理念	スキル	目的・理念	スキル
当事者が安心して話せる場を作る。 お互いに尊重することを確認する。	グランドルール	当事者の自己決定でメディエーションが進むことを確認する。	オープニング
話し手に対して聴いていることを伝える。 当事者でない第三者の言葉で伝えることで、言葉に客観性をもたせる。	繰り返し	実際に今起こっていることを一方当事者に見せることで、自らの姿や状況を冷静に受け止める機会をつくる。 言葉のみならず、状況も映し出す。 エンパワメントシフトを支援する。	一方当事者の状況を映し出す(リフレクション)
言葉やフレーズを言い換えることで、話し手の真意を表現する。 物は異なった見方もできることに気づく機会をつくる。	言い換え		
話し手の大切にしている気持ちをより明確にし、中立的な表現に言い換える。	リフレイミング	双方の当事者の同じところと違うところをまとめることで、当事者が現状を把握するのに役立てる。 言葉のみならず状況も映し出す。 リコグニションシフトを支援する。	双方の当事者の状況を映し出す(サマリー)
当事者の話の中のキーワードや重要な出来事などを整理する。 話合いの方向性やテーマについて確認する。	要約	話合いの進行や、それぞれの局面での決定を確認する。 エンパワメントシフトとリコグニションシフトを支援する。	チェックイン

①対話促進-問題解決モデル （ファシリテーティブ・モデル）		②認知変容-自己決定モデル （トランスフォーマティブ・モデル）	
目的・理念	スキル	目的・理念	スキル
話合いのテーマを広げ、当事者の本当に言いたいことや興味があることを引き出す。	開かれた質問		
事実や意思の確認、課題の絞込み、解決案のリアリティチェックを行う。	閉じた質問 （疑問詞を使った質問）		
メディエーターが考える場をコントロールし、柔軟な解決方法を参加者全員で模索する	ブレーンストーミング		

　認知変容-自己決定モデル（トランスフォーマティブ・モデル）では、スキルと呼ばれるものは、4つしかありません。質問がスキルに含まれないのは、基本的にメディエーターから質問をするということがないからです。それは、当事者の自己決定を目的の中心にしてことの現れです。

　また、「サマリー」も日本語では「要約」ですが、同じ要約でも、その意味するところは同じではありません。

　このように、理論の違いによってスキルも異なることに注意が必要です。

　　㈤　**聴くこと**

　どのモデルにしても、メディエーションの基本は、何よりもまず、当事者の話を聴くことです。「聞く」ではなくて「聴く」という文字が使われるのは、何となく聞くのではなくて、自分の考えをまず横に置き、話し手の話に心から耳を傾けて聴くという意味を込めているからです。

　なぜ、当事者の話をよく聴くことが重要なのでしょうか。

　聴くことには、いくつかの効果があります。当事者からすれば、

声に出して話したことをきちんと受け止めてもらったということで、心が落ち着いたり、感情の整理ができたりすることに繋がります。何が起こっているのかは、当事者にしか分からないので、当事者に話してもらう以外に、それを知ることはできません。また、言葉というのは、同じ言葉でも、使う人や状況によって意味が異なる場合があります。さらに、同じことでも同じ言葉を使って表現するとは限りません。

　紛争や対立の状況になる原因のひとつは、コミュニケーションにずれが生じることですから、そのずれを早めに修正していくことが紛争解決に繋がりますし、ずれを理解することは、自己決定をする上での自分の回復にも必要なことです。

　丁寧に話を聴くことによって、当事者がお互いに、それまで気がつかなかったことに気づき、行動を起こすことにつながります。だからこそ聴くことが重要なのです。

　メディエーターにとって聴くことは、当事者にとっては話すことですので、メディエーターがよく聴ければ、当事者はよく話せることになります。自分がよく話せない状況で、相手の話を聴くことはできないものです。話すことで相手の話が聴ける。相手の話が聴けると相手への理解が深まる。理解が深まると他者との関係に変化が出てくる。という良い循環が生まれやすくなるということです。

　では、具体的にどうすれば聴くことができるのでしょうか。

　聴く方法は、アクティブ・リスニングとも呼ばれており、いくつかの方法があります。

　その基本的なものに「うなずき・あいづち」があります。対話促進-問題解決モデル（ファシリテーティブ・モデル）では、「ペーシング」と呼ばれるものの一部です。

　人は、石のように身じろぎもしない人に向かって話していると、自分の話をきちんと聴いてくれているのか不安になるだけでなく、自分自身が何を話しているのかも分からなくなってきてしまいます。

メディエーターがうなずきやあいづちをすることで、話し手の話をきちんと聴いていますよ、受け止めていますよ、という合図を出し、それによって、話し手が話しやすいペースをつくるのがねらいです。
　しかし、あまり頻繁にうなずいたりあいづちを入れ過ぎたりすると、逆効果になる場合もありますので、自分の傾向を知っておくことも大切なことだと言えます。
　うなずきは、しぐさだけの非言語による活動ですが、短い言葉が出るとあいづちになります。あくまでも、聴いていることを示すのと話し手の話すペースをつくるのが目的ですので、話の腰を折るようなあいづちはしない方がよいでしょう。
　「うなずき・あいづち」以外の方法は、モデル別に説明します。

　　(ウ)　**対話を広げること**
　紛争や対立の当事者は、視野が狭くなり自分のことしか考えられなくなっていることが多いものです。自分の立場に必要以上に固執し、そこから出られなくなっている状況にいるのです。
　メディエーションでは、当事者にそこから出ることができることに気づいてもらうことに1つの目的があります。そのためには、様々な視点からの考え方や物の見方を共有することが有益です。
　そこで、対話を広げ、いろんな角度からの見え方がその場に出るように工夫する必要があります。そのためにいくつかの方法があります。

　　(エ)　**鏡になること**
　考え方としては、対話促進-問題解決モデル（ファシリテーティブ・モデル）にも認知変容-自己決定モデル（トランスフォーマティブ・モデル）にも共通のものですが、スキルとしては、認知変容-自己決定モデルに顕著です。それは、認知変容-自己決定モデルが、当事者の自己決定を目的にしているため、メディエーターの役割のほとんどが、この鏡になることにあるからです。

(オ)　信じること
　メディエーターにとって、何よりも必要な能力は、当事者を信じることです。この気持ちがすべてのスキルを支えることになります。信じることをスキルとして表現することは難しいのですが、話合いに沈黙が訪れたとき、当事者が話し始めるのを待つこととか必ず解決することを信じて粘り強く諦めないことが該当するでしょう。

　(カ)　感じること
　メディエーターとして重要なことに、「感じること」があります。当事者の隠された気持ちを感じる。言葉の奥に隠された本当の気持ちを感じる。本人も気づいていないニーズがどこにあるかを感じる。感じること抜きにメディエーターはできないと言っても過言ではありません。

　言葉や動作として発した送り手の信号を、受け手は受信して解読する作業がコミュニケーションです。発信する人の意図と解読した内容が異なる場合に、送り手は、自分の意図が伝わっていいないと感じ、時には怒りになり、対立のきっかけとなります。そしてさらにコミュニケーションのずれが進行し、対立が深刻化します。

　メディエーターの役割は、コミュニケーションのずれがあることを当事者が認識し、そのずれを修正し、自分の認識を改める機会を提供することです。そのためには、メディエーター自身が、コミュニケーションのずれに敏感でなくてはなりません。メディエーションの中で起こっているコミュニケーションのずれを感じなければなりません。

　そのためには、言葉だけでなく表情やしぐさ、動きなどにも目を配り、一瞬の変化を見逃さないことが求められます。

　言葉を聴くだけではなくて、表情、しぐさ、声の大きさや高低、話し方も注意深く観察する必要があります。言葉で言っていることと顔の表情や態度に齟齬はないか、不自然なしぐさをしていないか、話す速さや声の調子に変化はないか、体の様子にイライラした様子

などはでていないかなどにも注意しながら話を聴くことが必要です。
　言葉では本当の気持ちを言わないこともできますが、声の調子や顔の表情、姿勢など、無意識に感情が反映されるものは正直です。とかく言葉にとらわれがちですが、言葉以外の非言語のコミュニケーションが持つ意味を考え、目の前にいる当事者を注意深く観察しましょう。特に、何かをきっかけに表情が変わったり、これまでと違った反応をしたりした場面は、ポイントになることが多いものです。見逃さないように心がけましょう。
　しかし、それはそう簡単なことではありません。また、メディエーターの感じたことがいつも正しいとは限りません。当事者がどう感じたかが重要なので、常に当事者に確認することがメディエーターと当事者のずれを作らない方法です。
　一方、メディエーターは、自分の表情やしぐさ、姿勢などに注意を払うことも忘れてはなりません。
　メディエーターにとっては何気ないしぐさでも、腕を組んだり、足を組んだりすると、目の前の当事者は、話しにくい感じを持つこともあります。何かを考えるような難しい顔をしていれば、不安に感じるかもしれません。自分の動作が他人にどんな影響を与えるのかを知ることも重要なことです。

(2) 対話促進-問題解決モデル（ファシリテーティブ・モデル）
　①グランドルール　　このモデルでは、最初に話合いの約束を決めます。この約束をグランドルールと言います。メディエーターと両当事者との約束です。
　例えば、次のような感じになります。
「今日は、ご出席いただきましてありがとうございます。私はメディエーターの〇〇です。
　お名前の呼び方は、××さん、△△さんでよろしいでしょうか。お席はそこで大丈夫ですか。近すぎたり遠すぎたりしたら、ご自由

に直してください。

　今日の話合いの進め方の約束について少しお話させてください。まず、お話は順番にお聴きしますので、片方の方が話している間は、その方のお話を聴いていてください。かならず次にお聴きしますので、おっしゃりたいことがあっても、話し終わるまでお待ちください。

　次に、お互いに誹謗中傷はしないということのお約束をお願いします。メディエーションは、皆さんそれぞれが大切にしていることをお伺いし、次にどうしようということを建設的にお話しする場です。その意味でも前向きな場を作っていけたらと思います。

　では、最初にお申し込みになられた××さんからお話を伺いたいのですがよろしいですか？」

　最初に参加者全員で合意してグランドルールを決めたので、変更があるまでは、このルールをお互いに守るという前提ができます。

　メディエーターと当事者、当事者間で少しだけ信頼関係が築けたことにも意味があります。

　グランドルールは、話合いの起点になります。この起点を共有することから対話促進-問題解決モデルのメディエーションは始まります。

　　②繰り返し　　繰り返しとは、話し手の言葉をそのまま繰り返すことです。ポイントとなる言葉だけを繰り返すこともあれば、文章の一部を繰り返すこともあります。繰り返しのねらいは、話し手の話を聴いていることや受け止めているサインを出すことにもありますが、それとともに、話し手にとっても自分が話した話を違う人の口から話されることによって、自分の話したことを客観的に見つめ直す機会を得ることになります。繰り返しをすることによって、当事者がお互いに見方が違っていることを自覚することに役立ちます。お互いの違いが見えることで、対話に幅が生まれ、解決方法の選択肢が出てきます。

1　メディエーターに必要なもの

また、紛争の相手方の話していることは当事者の耳に入ってこないものですが、同じことを第三者が話すと意外と客観的に聴くことができ、受け入れられることもあります。

　しかし、これもすべての言葉を繰り返すことは不可能です。また、当事者が何か話すたびに繰り返すと、しつこい感じを与えますし、馬鹿にされているように感じることもありますので、注意が必要です。

　実際には、話合いの初めの時間帯に特に多く使われます。

　このスキルは、対話促進-問題解決モデルで主に使われますが、認知変容-自己決定モデル（トランスフォーマティブ・モデル）でも、リフレクション（鏡に映す）（後記(**3**)参照）を行うときに使われます。

　　③言い換え　　対立している当事者は、どうしても後向きな発言や、時には否定的な発言を繰り返したりします。メディエーターは話合いを建設的なものにしていくために、発言の内容の真意の中の、前向きな部分に焦点をあてて、または後向きな発言を前向きな内容に言い換えて、話合いを前向きなものになるようにコントロールすることがあります。これが言い換えです。前向きな話合いをすることで、同じ主張を繰り返した両者の対話が広がり、解決に向かうきっかけとなります。

　ただし、この言い換えは当事者の様子をよく観察して使う必要があります。自分の真意とまったく違う言い換えをされると反発を感じる当事者がいるのは当然のことです。話し手の真意はどこにあるのかを考えながら使わないと逆効果になることがあります。

　言い換えにも、いくつかの方法があり、その１つに本当の意味を考え言い換える方法（リフレイミング）があります。例えば、社内の上司と部下の話合いの席で上司が「こんなに遅刻ばかりしていて、君はうちの会社には向かないね」と言ったのに対し、メディエーターが「毎日きちんと出勤すれば、これからも会社に勤めてもらいたいということですね」と言い換えるような方法です。

この言い換えが違和感なく受け入れられるのは、当事者がかなり本当に大切なことを話す段階にきていて、しかし、気持ちの面やその他いろいろな事情から、なかなか真意を言葉にできないでいるとメディエーターが確信した場合です。

　④要約　対話促進-問題解決モデルでは、話されたことの概略を示すときに使います。お互いの主張が整理され、違いが明確になります。

　まず、対話促進-問題解決モデルで要約をするねらいは、話し手が自分の話の内容を冷静に理解することと、その内容が本当に自分の言いたいことなのかを考える機会をつくることにあります。また、何について話しているのかも意識することができ、他にも話し合うべきことが見えるようになります。

　さらに、メディエーターとしては、話合いの課題（イシュー）について変更したいときに要約をすることがあります。例えば、「Aのこと、Bのこと、Cのことについてお話がありましたが、まずAのことについて話を進めてみましょうか」などという具合に話があちこちに飛んでいる場合に整理することができます。

　⑤質問　質問の方法には、閉じた質問、疑問詞を使った質問、開かれた質問の3種類があります。閉じた質問とは、答えが、「はい」や「いいえ」または一言（数字や単語）で終わってしまうような質問のことを言います。疑問詞を使った質問は、閉じた質問と開かれた質問の中間にあたるもので、「いつ」「だれが」「どこで」「何を」「どのように」「どうして」（5W1H）について問う質問をいいます。開かれた質問とは、回答者によって答える内容が異なることが期待される質問のことをいい、当事者が考えていることを自由に話してもらうことの効果を期待しています。

　話を広げるには開かれた質問が適しているように思いますが、何かを決定したり事実を特定するには閉ざされた質問が効果的かと思います。要は、その場面に応じて、意図をもって質問の仕方を考え

1　メディエーターに必要なもの

る必要があるということです。

　対話促進-問題解決モデルは、メディエーターが、当事者には見えていなかった本当に大切にしている事を見えやすくしていくプロセスです。そしてメディエーターは、その「本当に大切にしていること」に当事者ができるだけ早く気づき、それを話合いの課題にしていくようにプロセスをコントロールします。

　そのプロセスで、質問の方法のスキルは大きな意味を持ちます。質問のスキルは、本当に大切にしていることを見えてくるまで話を広げ、話合いが進めば話合いの焦点を絞るために使います。

　⑥ブレーンストーミング　　当事者が柔軟な解決策を考えるためのプロセスです。案に対する批判などなしに、ひとまず考えられる案をできるだけ多く共有することを目的とし、解決策の合意に至る足がかりにします。

　出された案は、ホワイトボードや大きな紙などに書き出して視覚化することで共有認識が生まれます。

(3) 認知変容-自己決定モデル（トランスフォーマティブ・モデル）

　① **オープニング**　　メディエーターや当事者の名前の確認、メディエーターの役割の説明などは、対話促進-問題解決モデル（ファシリテーティブ・モデル）と変わりませんが、ルールを定めるか、定めるならどのようなルールにするかも当事者に委ねるところが大きな違いです。対話促進-問題解決モデルでは、あらかじめ、いくつかのルールをメディエーターが用意しておき付け足すものがあるかという確認を当事者にしますが、認知変容-自己決定モデルでは、ルールを定めずに話合いを始めることもあります。

　しかし、一番初めに話し始めるのは、メディエーターであり、初めの話し方が、その後の話合いの基調を作ることになるので、細心の注意が必要です。

　② **一方当事者を映し出す（リフレクション）**　　認知変容-自己決

定モデルでは、現在の状況を当事者に見てもらうことが重要だと考えています。一方の当事者の現状を本人に見てもらうのがリフレクションで、メディエーターはその状況を映す鏡になることが求められます。鏡ですから、一部を大きくしたり歪めたりしてはいけないのです。つまり、言葉の言い換えなどはせずに、話し手の話した言葉をそのまま使い、そのままを映し出す繰り返しの作業を行います。

しかし、人の感じ方というのは人によってかなり異なります。メディエーターが映し出した姿に、メディエーター自身の価値観が含まれていて、歪んでいるかもしれません。特に、言葉以外の状況を映し出そうとするときは、鏡として伝えたあと、それを話し手が修正できるような雰囲気や方法を使って伝えていくことが必要です。

また、メディエーションの場合、沈黙が続くことがあります。このときも、その状況を鏡に映し出すことが必要です。つまり、言葉だけを繰り返すのではなく、体の動きや顔の表情、声の調子、そしてそこで起こっていること（例えば沈黙）を映すことが必要なのです。

沈黙は、どうやって鏡に映せばいいでしょうか。当事者が沈黙しているので、それを映す方法としてメディエーターも沈黙するという方法がいいのでしょうか。沈黙ではなく、言葉でその状況を表現する方法として、「おふたりとも長い時間お話になりませんね」という方法もあります。

対話促進-問題解決モデルの項でも書きましたが、表情、しぐさ、声の大きさなど（非言語）の観察やうなずき・あいづち（話し手のスピードをコントロールしない）などを使いながら、リフレクションを行います。

③ **サマリー**　一方の鏡になるのがリフレクションですが、両当事者の様子を両者に見てもらうための鏡になるのがサマリーです。話合いが進むにつれて、両当事者の対立の状況や考えていることの違い、共通点が明らかになってきます。双方の鏡になるねらいは、双方がこれからどうするのかを考える上で、まず両方の現在の

状況を当事者双方が見つめ直すタイミングをつくることです。

　また、言葉だけではなく、メディエーターに見えているものや感じていることもその場に映し出すことはリフレクションと同様です。例えば、一方の当事者ばかりが話して、他方はほとんど話をしない状況では、「Aさんは〇〇とおっしゃっていますが、Bさんはしばらくお話しになっていませんね」などという表現をしたりします。

　そして、認知変容-自己決定モデルでは、メディエーターがプロセスをコントロールすることはありません。ですから、対話促進-問題解決モデルのように、後向きな発言を建設的な発言に言い換えたりすることはなく、ありのままの状況を映し出すことが大事です。また、対立点のみ強調して、そこを論点とすることもありません。対立点を映し出すのであれば、共通点も同時に映し出さなければ、メディエーターのコントロールが加わった歪んだ鏡になってしまい、鏡の役割を果たさないからです。

　認知変容-自己決定モデルでは、2つの意味で鏡になることが求められます。1つは、一方当事者の鏡になること（リフレクション）であり、もう1つは、両当事者あるいはその場で起きていることの鏡になること（サマリー）です。

　このリフレクションとサマリーを繰り返すことで、まず自分自身の状況を理解したうえで自分自身が本来持っている力を回復し（エンパワメントシフト）、その上で相手に対する認知と関係性を見つめ直す（リコグニションシフト）というプロセスが生まれてきます。

　④　**チェックイン**　このモデルでは、メディエーター自身の考えを前面に出したり、メディエーターの意思でプロセスをコントロールすることはありません。つまり、両当事者の力を信じ、進め方も当事者の選択に委ねます。

　話合いの冒頭でもそうでしたが、話合いの途中でも、いろいろなポイントに差し掛かったときに、話合いの進め方を決定する、あるいは自己決定したことが本当にそれで良いのか確認する機会をつく

るときに使うのが、進め方の確認（チェックイン）です。

　メディエーターは、リフレクションやサマリーの後、つまり、一方あるいは双方の鏡になったあと、進め方や自己決定を確認するために、チェックインを行います。チェックインは一見質問の形に見えますが質問ではありません。あくまでも両当事者が自分自身で決めようとしていることを確認するチャンスを作ることです。ですから、鏡とセットになるのです。例えば、「Aさんは、もうこれ以上話合いをしたくないとおっしゃっていて、Bさんは、もう少し話合いを続けたいとおっしゃっています。どのように進めましょう」という感じで、AさんとBさんの意見の違いを鏡に写したうえで、今後の進め方について確認するものです。

＜メディエーターの会話例＞
　対話促進-問題解決モデル（ファシリテーティブ・モデル）と認知変容-自己決定モデル（トランスフォーマティブ・モデル）のメディエーターの会話例を本章の末尾に掲載しました。
　具体的に、どのような場面で、どのようなことを意識して、どのようにスキルを使うのかに注意して読んでみてください。

●2● メディエーターの倫理・行動規範

　メディエーターの立場は、独立・中立・公平であることが基本です。弁護士や司法書士などの資格者には、職務基本規定や倫理、執務規範といわれるようなものがありますが、メディエーターには、今のところ、そのような行動規範は明文化されていません。
　弁護士などの場合、代理人として党派的な執務をすることを中心に職務基本規定などがつくられており、和解の仲介をする者としての規範としては不足している分があることは否めません。また、裁判所の調停委員にも特に明文化された倫理規定のようなものはなく、

個人の感性に任されていると言っても過言ではありません。

しかし、本来なら、中立でなければならない者ほど、強い倫理観が必要なのではないでしょうか。

そこで、メディエーションの先進国であるヨーロッパの状況を紹介しましょう。

EU で策定され、EU 諸国でメディエーターの規範となっている EUROPEAN CODE OF CONDUCT FOR MEDIATORS（ヨーロッパ・メディエーターの行動規範）には、メディエーターの行動規範として 10 項目が挙げられています。

この行動規範は、民事事件、商事事件のあらゆる種類のメディエーションに適用されるもので、メディエーションサービスを提供する機関は、これとは別にさらに詳細な基準をつくることができます。

以下に EUROPEAN CODE OF CONDUCT FOR MEDIATORS（2010 年 11 月時点）の概略を示します。

＜メディエーターのためのヨーロッパ行動規範＞
第 1 条 メディエーターの能力および指名
 1.1 能力
  メディエーターは有能でメディエーション手続に精通していること。
  メディエーション技術に関する適切な講座を受講し、知識や実務能力を常に更新していること。
 1.2 指名
  メディエーターは、適切なメディエーション開催日を当事者と協議する。
  メディエーターは、指名させるのに先立ち、経歴および能力を満たしており、要求があれば、経歴や経験に関する情報を当事者に開示する。
 1.3 広告/宣伝

メディエーターは、専門的かつ誠実かつ威厳のある方法により業務の宣伝を行うことができる。

第2条 独立性および公平性

2.1 独立性および中立性

メディエーターは、その独立性や利害対立に影響がある、またはそのように見られる可能性がある状況を開示しないで、メディエーターとしての業務を開始したり、開始している場合にはこれを継続してはならない。手続を通じて、このような開示義務があり、以下のような場合も含まれる。

——いずれかの当事者との個人的な関係または業務上の関係

——メディエーションの結果に対する直接・間接の金銭その他の利益

——いずれかの当事者に関してメディエーター以外の役割をしたことがあるメディエーターまたは同一事務所の他のメンバーが同様であるメディエーター

上記の場合、メディエーターは完全な公平性を確保し、完全な独立性および中立性をもってメディエーションを実施できる確信があり、かつ、当事者がこれに明らかに同意にした場合に限り、メディエーターを引き受けたり継続したりできる。

2.2 公平性

メディエーターは、当事者に対して常に公平に行動し、またはそのように見られるように努力する。

メディエーションに関して、すべての当事者に対し平等に接するように努める。

第3条 メディエーション合意、手続、和解および費用

3.1 手続

メディエーターは、当事者がメディエーションの特徴やメ

ディエーションにおけるメディエーターと当事者の役割について理解しているか確認する。メディエーターは、メディエーションに先立ち、当事者がメディエーターや当事者の守秘義務に関する条項を含むメディエーションの前提となる条件を理解し、これに明らかに同意していることを確認する。メディエーションの実施に関する合意は、当事者の要請があれば書面にする。

メディエーターは、力の不均衡と法の支配、当事者の要望や迅速な紛争解決の必要性等の状況を勘案し、適切な方法でメディエーションを実施する。当事者は、メディエーションの実施方法について、規則などを参照し、自由にメディエーターと合意することができる。メディエーターが有益であると判断した場合、メディエーターは、当事者から個別に聴取することができる。

3.2 手続の公正

メディエーターは、すべての当事者に対して手続に関与する十分な機会を与えるように取り計らう。メディエーターは、それが適当であるなら、以下の場合に、当事者に通知しメディエーションを終わらせることができる。

――事案の状況およびメディエーターの権限を考慮し、メディエーターが執行不能または違法であると判断する和解に至った場合

――メディエーションを継続しても和解に至る可能性が乏しいとメディエーターが判断した場合

3.3 手続の終了

メディエーターは、すべての当事者が知識を得たうえで合意することについて当事者の理解が得られるように、また、すべての当事者が合意の条件を理解するためのあらゆる方策をとる。

当事者は、いつでも理由を付さずにメディエーションをやめることができる。メディエーターは、当事者の要請がある場合にメディエーターの権限内に限り、合意を正式なものにする方法と強制執行の可能性について伝えることができる。

3.4 費用

取り決めがない場合、メディエーターは、適用を予定している報酬に関する情報すべてを常に当事者に提供する。メディエーターは、すべての関係当事者が報酬の方法を承認するまで、メディエーションを引き受けない。

第4条　守秘義務

メディエーターは、メディエーションが実施されるということまたは開催されたということなどのメディエーションにより発生する、または関係するすべての情報を秘密とする。ただし、法律の要請がある場合または公序の理由による場合はこの限りでない。いずれかの当事者がメディエーターに内密に開示した情報は、許可を得ずに他の当事者に開示されない。ただし、法の要請がある場合を除く。

　この行動規範は、第1章の2つのモデルのどちらにも共通するものが多いように思いますが、基本的には、対話促進−問題解決モデルによくあてはまるように思います。モデルによって、メディエーターの役割が異なりますので、これは当然のことかもしれません。

　中には、メディエーターの行動規範というより当事者の権利といった視点からの条項もあります。これは、メディエーターの行動の規範は、両当事者の利益を守るところにあるからでしょう。

　メディエーターの情報の開示と当事者が合意の前提となる情報を得ているかの確認など、わが国でも参考とすべき点は多いように思います。

ただ、どのモデルのメディエーションを実施するのかよって、修正が必要となる部分もあるかもしれません。また、機関ごとにさらに詳細な基準も必要になるでしょう。

　わが国のメディエーションは、まだ始まったばかりです。今後、メディエーションの実施件数が増えるにつれ、メディエーターの行動規範の必要性は高まります。統一的な行動規範の作成が急務です。

対話促進-問題解決モデル(ファシリテーティブ・モデル) 対話例

▶ ステージ1
申込人との最初のコンタクト

M：今回メディエーションのお申込みをいただいた山田花子さんですね。ようこそいらっしゃいました。私は、木村といいます。よろしくお願いします。では、早速ですが、どのようなことについてお話したいのか、何でも話しやすいところからで構いませんので、お話いただけませんか。
　　　　【スキル】開かれた質問
花子：はい、よろしくお願いします。夫と離婚したいんです。これまでずっと彼との生活を我慢してきました。でももう限界です。これ以上耐えられそうにないし、子どものためにも良くないと思い、家を出て離婚したいと言ったのですが、夫は無視しています。
M：これ以上は我慢できないので、お子さんのためにもご主人と離婚されたいと思っているのですね。しかし、そのことをご主人は無視しているということですか。その他に、今の生活の状況やこれまでの経緯についてもう少し詳しくお話いただけますか？
　　　　【ねらい】話し手の話を受け止めていることを表現することで話し手がもっと話しやすい場をつくる。
　　　　　　　　話し手が一番話したいこと、大切にしていることを引き出す。
　　　　【スキル】繰り返し、開かれた質問
花子：最近、夫の行動がおかしいんです。残業でもないのに毎日帰りが遅く、銀行の預金もかなり減っているんです……。前はこんなことなかったので、きっと何かあるに違いないんですが、聞いても何も教えてくれないんです。
M：ご主人の様子が以前と違うということですね。帰宅時間やお金の使い方が特に気になるということでしょうか。ご主人の様子の変化についてもう少し詳しくお話いただいてもいいでしょうか。
　　　　【ねらい】話し手の話を受け止めていることを表現することで話し手がもっと話しやすい場をつくる。
　　　　【スキル】言い換え

　　　　開かれた質問

花子：そうですね……。2、3か月前からでしょうか、急に帰りが遅くなり、新しいスーツも増えたようなので、預金を確認したら、ずいぶん減ってしまっていてびっくりしました。
　そうしたら、先日、夫あてにサラ金というんですか、から手紙が届いたので、こっそり開けてみたんです。そしたら、借金の返済が遅れているので早く支払えという内容で、本当にびっくりしました。そんなところからお金を借りたことは聞いていませんし、いつ借りたのかも何に使ったのかもまったく知りませんでした。
　それでもう信じられなくなって……。

M：2、3か月前から新しいスーツが増えたので、預金を確認したらずいぶん減っていてびっくりしたんですね。そのうえ、サラ金から督促の通知が来ていて、何も聞いていなかったので、びっくりしたこともあり、ご主人が信じられなくなってしまったということですか。

　　　【スキル】言い換え（言いかえをしたことの確認をふくめた質問形式）

花子：ええ、そんな感じです。

M：少し確認させていただいてよろしいでしょうか。先ほど、家を出てとおっしゃいましたが、今はどちらにいらっしゃるんでしょうか？　ご実家ですか？

花子：いえ、実家ではないんですが、父の所有しているアパートに空き部屋があったので、そこに子どもと2人で暮らしています。

M：お父様所有のアパートに仮住まいをしているということですね。では、生活費は、どうされているんでしょうか？

花子：家を出てから2か月以上経ちますが、夫からの送金はないので、親の世話になっています。私の貯金とかもほとんどありませんし……。

M：ご両親からの援助で生活しているということですね。このままでは、先々のことが心配ですね。

花子：はい。なので夫には生活費を払って欲しいと言ってるのですが、何の反応もなくて。

M：生活費の請求もしているんですね。では、離婚したい、そして生活費を払って欲しいということは、ご主人には伝えているけども、ご主人からは反応がないので、そのことについて話し合いたいということでよろしいでしょうか。離婚したいと思うようになった原因である、帰りが遅くなったことや使

道のよく分からないお金のこと、それからサラ金からの借金のこともお話
　　ししたいということですよね。
　　　　　［スキル］要約
花子：ええ、そうですね。どちらかというと、もう原因の方はどうでもいいの
　　で、離婚と生活費の件について話し合いたいです。
M：そうですか。他に何か気になることとかあったらお話しいただけますか。
花子：そうですねえ……。夫の性格なんですが、ほんとに波があるというか気
　　分屋というか、子どもに対する態度が日によって全然違うんです。異常に可
　　愛かったと思えば、突然大きな声で怒鳴ったりで、子どもも怖がってます。
M：お子さんに対する態度に非常に波があって、お子さんも怖がってらっしゃ
　　るんですか。
　　　　　［スキル］繰り返し
花子：はい、これまでにも何回か、夫にやめて欲しいと言ったんですが、その
　　たびに夫の母が口を出してきて、夫の味方をするので、それ以上話すことも
　　できず、そのままなんです。夫の母にも我慢がなりません。
M：ご主人のお母様がご主人の味方をするので、ご主人が態度を改めようとし
　　ないと感じてらっしゃるんですね。もう少しご主人のお母様やご家族につ
　　いてお話を伺ってよろしいですか。
　　　　　［ねらい］夫との関係の相談であるにもかかわらず、義母のことが展開され
　　　　　ていることで、コンフリクトマップの素地を作っていきながら、話し合
　　　　　いのプロセスをともに考えていく準備をする
　　　　　［スキル］開かれた質問
花子：なにせ、義母は夫には甘いというか、過保護というか……。夫には姉が
　　いるんですが、私の気持ちをよく分かってくれると思います。

（途中省略）

M：そうですか。花子さんのお気持ちは分かりました。それでは、ご主人に話
　　合いに参加していただくように連絡するのですが、突然、こちらから連絡し
　　てもよろしいでしょうか。
花子：あ、それなら大丈夫です。私の方から、こういう所から連絡が行くから
　　とメールしておきます。できれば、私は話したくないですし‥。

対話促進-問題解決モデル対話例

最初にコンタクトを取ってくる当事者は、自分の味方になって欲しいと強く考えている場合が多く、また自分自身の状況を自分自身で理解できていないこともあります。メディエーターはこの段階から目の前のクライアントには対立する相手方がいて、そこではお互いに見方が違っているかもしれないということを常に自覚する一方で目の前の当事者の話を共感的に聴くことが必要になります。ときには話に引き込まれそうになりますが、メディエーターとしての役割を考えながら話を聴くことが必要です。

　一方で、メディエーターとしてメディエーションを押し付けることは理念に反します。当事者が対立において本当に大切にすることを引き出しながら、その方法については、メディエーションをしようという気持ちになることを待つことも必要です。話を聴いた上で、「誰かに代わりに交渉してほしい」「相手に強制的に何かをさせたい」などの時には時には当事者本人が希望するほかの方法を紹介することも検討すべきかもしれません。

▶ステージ2
相手側との最初のコンタクト（電話）

M：もしもし、今回山田花子さんから、私どもに山田太郎さんと話合いをしたいとの申込みがあり、先日お手紙を送らせていただきました、メディエーターズの木村と申します。今お話ししてもよろしいですか？
　　　【ねらい】相手方にとっては、事前に手紙を送っていたとはいえ、突然のことなので、時間的な了解は最初にとる
太郎：ああ、10分くらいなら大丈夫ですけど。
M：ありがとうございます。お手紙はお読みいただけましたでしょうか。
太郎：あー、あの白い封筒でしょ。読みましたよ。妻はそちらに何て言ってるんですか。
M：離婚と生活費のことについてお話合いをしたいという申込みです。
　　　【ねらい】申込人の代理人ではないというスタンスを最初から明らかにする。
太郎：話合いですか。その前にすることがあるんじゃないですかね。
M：その前にすることとおっしゃいますと、どんなことでしょう。
太郎：何の説明もなく子ども連れて家を出て、突然、離婚だ、生活費だと言われてもね。子どもだって自分だけのもんじゃないでしょ。

M：これまでの事情について花子さんからの説明を聞きたいと思われているということですね。

太郎：そうですよ。当然でしょ。

M：山田さんに花子さんから説明をして欲しいということですね。逆に山田さんから花子さんにお話したいことはどんなことでしょうか。

太郎：あいつは、感情的になって泣くばかりで話にならないんですよ。僕はいつでも話し合うつもりですよ。なんてったって家族なんですから。でも何で家族の話を他人のあなたに話さなくちゃいけないんですか。

M：山田さんはいつでも話合いがしたいけれども、花子さんは感情的になってしまうので話合いが難しいと考えてらっしゃるんですね。私たちにお手伝いできることはありませんでしょうか。

　　【ねらい】話し合いたいというところに焦点をあてた上で、相手方が大事にしているところは何かに焦点を当てる準備をする
　　【スキル】リフレイミング

太郎：まあ、いつまでもこのままじゃ、娘にも会えないし、僕も困りますよ。

M：山田さんとしても解決したい問題はあるということですね。私たちがお手伝いすることで、何かご不安なこととか分からないことなどがありましたら、お話いただけますか。

太郎：えーと、平日は仕事で行けませんけど、土日でも大丈夫なんですか。あと、お金もかかるんでしょう。

M：はい、休日、あるいは平日の夜間でも大丈夫です。費用については、先日送ったパンフレットに詳しく書いてありますが、1回の話し合いにつき、お1人15,000円と消費税となっています。

太郎：はあ、そうなんですね。少し考えさせてください。

M：もちろんです。少しお考えいただいて、ご連絡をいただけるということでよろしいでしょうか。ご連絡いただくのは、いつごろだと思っていればよろしいでしょうか。

　　【ねらい】メディエーションはあくまでも当事者本人が希望するプロセスである必要があるので、ここで無理強いしない。

太郎：うーん、1週間くらいでもいいですか。

M：はい。1週間ですね。では、ご連絡お待ちしております。お忙しいところ、お時間をいただき、ありがとうございました。

この後、メディエーターは花子さんに、太郎さんから1週間後くらいに連絡があることを伝えます。1週間待っても、太郎さんから連絡がない場合は、再度、こちらから連絡します。その間に当事者同士で話すこともあるかもしれません。なかなか1回の電話で、結論が出るものではなく、当事者が考える時間が必要です。
　この後のコンタクトで、太郎さんの事情や気持ちをもう少し聴くと、太郎さんと花子さんの違いやお互いに何を求めているのかが分かることがあります。当事者が、自分の状況を把握できて、自分にできることを考える機会をもつことができれば、メディエーションができる準備が整ったと言えます。
　最初から、話合いに積極的な当事者ばかりではありませんが、説得したり無理やり話合いの席に連れてくるのは、メディエーションの趣旨に反します。

　　　（同席での話し合い）

▶ ステージ3
主張、意見や気持ちの衝突に向かう準備をする

M： 今日は、お越しいただき、ありがとうございます。私はメディエーターの木村です。よろしくお願いします。
　席の場所や向きなど、話しやすいように動いていただいても結構ですけど、いかがですか。
　　　【ねらい】当事者同士が話しやすい場を作る
　　　【スキル】座席の確認
花子： （太郎と正面で向き合わないように、椅子の向きを少し変える。）
M： 太郎さんは、そのままでよろしいですか。
太郎： ……。
M： では、話し合いを始めたいと思います。すでにそれぞれからお話を伺ったときに、メディエーションについても簡単にお話させていただいていますが、もう1度、確認させてください。何か分からないことがあったら、途中でも結構ですので、聞いてください。
　まず、私がおふたりから聞いたことはおふたりの承諾なく外に出ることはありませんので、どうぞ安心してお話しください。
　次にお話合いを進めるにあたって、おふたりの間の約束事を確認したいと

思います。
1つ目は、お話は双方から順番に聞きますので、おひとりが話している間は、まずはそのお話を聴くようお願いします。途中でさえぎったり、反論したりしないようにしてください。
2つ目は、お話をしていただくときには、お気持ちなども含めてお話いただいて結構ですが、お互いに誹謗・中傷はしないということにしたいと思います。
以上2つのことをお約束をさせていただきたいと思いますが、いかがでしょうか？
　　　【ねらい】これから行うメディエーションの理論や考え方に基づき、話し合いの進行方法を確認する
　　　【スキル】グランドルールの説明
太郎：（うなずく）
花子：結構です。
M：山田花子さんと山田太郎さんなので、花子さん、太郎さんと呼ばせていただいてよろしいですか。
　　　【ねらい】それぞれの立場（役職などがついている場合なども）をはずす必要があるときは、メディエーターが名前で呼ぶことで、立場によって違いがないことを確認する効果もある
　　　【スキル】名前の確認
花子：はい。大丈夫です。
太郎：（うなずく）
M：先ほど、2つの約束をしましたが、その他に今の段階で決めておきたいことや確認しておきたいことがあったら、どうぞおっしゃってください。
太郎・花子：……。
M：大丈夫でしょうか。では、今回の話合いをお申込みになった花子さんからお話しいただいてよろしいでしょうか。

　ステージ1及びステージ2で、それぞれの話しを聞き、本人たちが安心して対面で話し合うために必要な場をセッティングします。話合いに出席する人は、ここに来るまでの段階で一応決まっていますが、話合いの中で、出席する人を追加することなども検討する場合もあります。例えばこのケースでは、子どもや夫の母などが考えられます。当事者が判断する上で、専門家の助言が欲しいときは、カウンセ

ラーや福祉関係者、法律家など各分野の専門家が出席して意見を言うことも場をつくることも検討します。

　また、本人たちが話し合うということを合意しているにもかかわらず、いざその場になって本人同士が顔を合わせると、今まで考えもしなかった不安な点も出てきますし、緊張もします。両者が話しやすい場を作り出すのがこのステージの目的です。人それぞれに安心できる場というのは異なります。また会社内のメディエーションなど上限関係などがある場合は、このメディエーションが査定とは関係ないことなどを明確にしておくことも必要になるでしょう。

▶ステージ4
話し合いの席で当事者それぞれの課題を聴く

花子：もうこれ以上我慢して一緒に生活することはできないので、離婚して欲しいんです。当然、生活費や養育費なども払って欲しいです。私の望みはそれだけです。

太郎：それだけ……。それだけって何？　我慢て何？　何に我慢していたの？　何も分からないので説明して欲しいんだけど。何の説明もなく離婚は無いと思うけど。

M：花子さんは、これまで我慢してきたけれど、これ以上我慢できないので、太郎さんと離婚して、お子さんを育てたいと思っているようですが、太郎さんは、何に我慢していたのかも分からないので、とにかく説明して欲しいと思ってらっしゃるんですね。

　　【ねらい】本人が話した内容や気持ちを話した本人自身が確認するために、話を繰り返す
　　【スキル】繰り返し

花子：何に我慢って……、いろんなことです。里奈のこと……お義母さんのこと……お金のこと……あなたの性格のこと……。

M：里奈さんというのは、お子さんですね。お子さんのこと、太郎さんのお母様のこと、お金のこと、そして太郎さんの性格のことですね。離婚したいと思うようになった原因は他にあったらお話しして頂けますか。

　　【ねらい】話題を広げる
　　【スキル】要約　開かれた質問

花子：あ、里奈は5歳になる娘です。他には……帰りが遅くなったこともあります。

M：太郎さんの帰宅が遅くなったということですね。いくつか出てきましたけど、どのことから話を進めていきましょうか。太郎さんが1番聞きたいのは何についてですか。

太郎：他の事は、だいたい想像がつくので、里奈の話からして欲しいですね。

M：里奈さんのことで、花子さんが何を我慢していたのかですね。花子さんいかがですか。

花子：いいですよ。あなたが、酔っぱらったときなんかはベタベタして里奈を追いかけまわしたと思ったら、突然、大きな声で怒ったりして、態度が全然違うので、里奈がどうやって接したらいいのか分からなくて、困っているのを分かってますか？　あなたに何度か言ったけど、全然まともに聞いてくれなくて、まあ、それはいつものことですけど。里奈が可哀そうだし、あなたに言っても直りそうもないし。

太郎：里奈が可哀そう？　考えすぎなんじゃないの。そんなことないと思うよ。いつも楽しそうに遊んでるじゃないか。そりゃ、たまには叱ることもあるけど、それはしつけだから仕方ないでしょ。それで離婚なの？　分からないなあ。

花子：分からないでしょ。だからもうイヤなのよ。自分の事しか考えてないんだから。

　　　【ねらい】話し手の話を聞きながら、それぞれの課題についてお互いに気がつける場を作っていく
　　　【スキル】開かれた質問

太郎：え！　自分の事しか考えてなのは自分だろ。家を出るときに家電も全部持ってくなんて。俺の生活はどうなると思ってるんだ！

M：少し話を戻しましょうか。花子さんは、里奈さんが太郎さんとの接し方が分からなくて困ってると感じていますが、太郎さんは、そんな感じはもっていないということですね。そこでおふたりの感覚が大きく違うようですね。

　　　【ねらい】プロセスの管理
　　　【スキル】要約

花子：そうなんです。そのことに夫は気がつかないんです。お金のことも、帰りが遅いことも、お義母さんがあれこれ口出ししてくることも、まあ、ある程度は仕方がないって思うんですけど、それが私や里奈にどんな思いをさ

せているかなんて考えてもいないんです。
だから一緒にいたくないんです。

太郎：そんなの離婚の理由になるわけないじゃないか。それに、さっきからお金とか帰りが遅いとか言ってるけど、自分が遊ぶのに使ってるわけじゃないって言ってるでしょ。仕事で他社と共同で大きなプロジェクトをやっていて、よれよれのスーツ着てたんじゃ他社から下に見られるし、たまには自腹で接待しないといけない時もあるんだって。
もちろん、帰りが遅いのだって何かトラブルがあれば残業してでも対応しないといけない時期なんだよ。何回言えば分かるんだよ。

花子：何かと言えば、仕事、仕事なのね。

M：花子さんは、太郎さんに、もっと花子さんや里奈さんの気持ちを考えて欲しいと思っていますが、太郎さんは、仕事が大事なときなので、お金や帰りが遅いことは理由があるので関係ないと思っているということでしょうか。太郎さんは、仕事と家族についてどのようにお考えなんでしょう。

　　【ねらい】話の中で、「立場」からの発言ではなく、本当に大切にしているところに焦点を当てる。そして、そこを深めていく
　　【スキル】要約　開かれた質問

太郎：そりゃ、仕事も家族も大切です。でも、家族のためにと思って働いているので、どちらが大切かと言われれば、家族に決まっています。

M：太郎さんも、ご家族のことは大切に思ってらっしゃいますね。
　　【スキル】繰り返し

花子：そんなの口では何とでも言えます。態度に出なければ、思っているだけでは、思っていないのと同じです。

M：花子さんは、太郎さんに、もっと家族を大切にしていることを態度で表して欲しいということでしょうか。
　　【スキル】言い換え

花子：そうなんです。家族を大切に思っているなら、私や里奈の気持ちに気がつかないわけがありません。

　話合いのプロセスをコントロールするのが、対話促進-問題解決（Problem solving）モデルにおけるメディエーターの役目です。例えば「帰宅時間が遅い」、「残業がある」というのは、それぞれの「立場」からの発言です。そこを話合いの議題にすると、対立する意見のままで話合いをしているので、話合いは進みません。

メディエーターは当事者が話している中で、「立場」からの発言でない部分、しかもそれがお互いに共通しているような点を話合いの論点に話を進めていくことで、対話を促進します。

▶ ステージ5
メディエーター、当事者（参加者）がそれぞれの課題について一緒に考えていく

M： 太郎さんが花子さんや里奈さんのことを大切に思っているけれども、同時に仕事のことも大切にしている。そして、花子さんは、自分たちが大切にされていないと感じていて、仕事を優先しているように見えるようですね。
　　　　〔スキル〕要約
太郎・花子： 沈黙
太郎： さっき、ぼくの母親のことも原因だと言ってたけど、それはどういうこと？
花子： お義母さんは、もともと私との結婚に反対だったんでしょ。そのせいか、いつまでも可愛い息子の味方ばかりで嫌になるわ。もう40を、
太郎： (話を遮るように) おい、ちょっと待てよ。そんなこと関係ないだろ。
M： 太郎さん、先ほど決めたとおり、花子さんのお話を最後まで聴いていただけますか。花子さんも言葉には気をつけてください。では、花子さん、続けてください。
　　　　〔ねらい〕プロセスの管理
　　　　〔スキル〕グランドルールの確認
花子： はい、えーと、お義母さんは、何でも自分の思い通りにならないと気が済まないみたいで、頼んでもいないのに里奈の英語の教材を買ってきたり、私立小学校の入学案内を持って来たりで、私たちの考えなんて気にもしてないみたいで、それが嫌なんです。
M： 花子さんは、里奈さんの教育のことなどに太郎さんのお母様が意見を押しつけてくる気がして嫌なんですね。太郎さんは、お母様の言動についてどのように考えていらっしゃいますか？
　　　　〔ねらい〕話し手の話の流れをつかみながら、課題についての話合いを進行していく

　　　　【スキル】疑問詞を使った質問　繰り返し
太郎：うん、確かに初めての孫で自分の好きにしたいのはあると思うけど、そんなのどこの家でも多かれ少なかれあるんじゃないの。それが嫌だから離婚ていうのは理解できないなあ。
M：太郎さんは、お母様のことと花子さんと太郎さんの離婚とは関係がないとおっしゃっています。花子さん、その点はいかがでしょうか。
花子：……うーん、お義母さんのことが嫌いだからということではなくて、そういうお義母さんがいることで、里奈の教育のことについても太郎さんは何も言わなくなることが嫌なんです。里奈は私たちの子なのに……。
M：花子さんは、里奈さんのことについて太郎さんとお話をすることが大切で、太郎さんのお母様の問題ではないということですね。
　　　　【スキル】リフレイミング
花子：ええ、まあそうです。
太郎：話をするって、いつも話はしてるじゃないか。それに、話をしたいのに離婚したいっておかしいんじゃないの。
花子：私だって、別れちゃったらもっと自分ひとりで考えなくちゃいけなくなること分かってます。
　でも、例えば、里奈はピアノが好きなので、もっとピアノを好きに弾かせてあげたいんです。毎日のようにお義母さんが来て、「英語のお勉強はどこまでできたの？」とか聞くので、里奈は好きでもない英語をしなきゃいけなくて、ピアノも自由に弾けないのよ。泣き出しそうなときもあるのよ。そんな里奈を見ていられなくて……。
　どうすればいいか相談したくても、あなたは「任せるよ」だけでしょ。
　　　　【ねらい】当事者同士が課題について考えているときは、メディエーターはその場を安心な場とすることに努めながら、当事者の対話を見守っていく
　　　　【スキル】介入を減らしていく
太郎：里奈がそんなにプレッシャーに感じているのは知らなかった。ぼくは、里奈は英語が好きだとばっかり思ってた。里奈の自由にさせるように母さんには言ってみるよ。
花子：お願いします。里奈も喜ぶわ。
M：太郎さんは、里奈さんの自由にさせるようにお母様に言うことにし、花子さんもそれに同意しましたね。

メディエーターとして当事者の話を聴きながら、当事者が話し合いたい課題を把握していきます。その中で、課題の順番を考え、当事者に確認しながら進行していくのが、メディエーターの役割です。ときには当事者は最初の立場からの発言にもどることもあります。メディエーターは当事者が大切にしていることを課題にあげながら、話合いを促進していくことに努めます。

▶ ステージ6
合意を一緒に作っていく

M：これまでのところで、太郎さんのご家族を大切にされている気持ちも表現され、太郎さんのお義母さんの件については太郎さんからお話しいただけることになりました。ここまではよろしいでしょうしょうか。

花子：（うなずく）

太郎：（うなずく）

M：まだいくつかおふたりで意見の異なることがあったと思いますが、何があったか確認してみましょう。
　まず、太郎さんのお金の使い方と仕事からの帰りが遅いことがありました。それから、太郎さんの性格のことというのがありました。
　里奈さんのことと太郎さんのお義母さんのことというのは、もうよろしいですか。花子さん。

　　【ねらい】メディエーションのプロセスが次のステージに進む上で、今までの話の流れをまとめる。その上で課題を明確にする
　　【スキル】要約

花子：はい、お義母さんのことは結構ですが、里奈のことは太郎さんの性格のこととも関連することもあるので……。

M：そうですか。太郎さんの性格のことと里奈さんのことは関係あるんですね。では、その話から進めてもよろしいでしょうか。

太郎：ぼくの性格って何？

花子：さっきもちょっと言ったんですけど、里奈を追いかけまわしたと思ったら、突然厳しくなったりして、態度に波があるので、里奈の気持ちが不安定になるんです。
　こういうのは、結婚する前からも同じで、私に対する態度にもとても波があ

りましたから、この性格は直らないと思うんです。こんなに不安定な気持ちで育つ里奈は、ちゃんとした大人になるのか不安で……。
M：花子さんは、太郎さんの波のある性格が里奈さんに良くない影響をあたえるのではないかと心配されているのですね。
　　　【ねらい】それぞれの課題について大切に思っていることを明確にする
　　　【スキル】言い換え
太郎：何でそんなことを心配するのかよく分からないですね。今だって、里奈はいい子に育ってますよ。離婚した方が里奈には良くない影響があると思うんだけど。
M：はい。太郎さんは、里奈さんのことを心配することと離婚することの関係がよく分からないとおっしゃったんですね。
　　　【スキル】言い換え
太郎：だって、そうでしょう。もし万一、離婚したって、僕は里奈の親であることに違いは無いし、会うことはできるんでしょう。まさか、僕を里奈と会わせなくする気じゃないだろうね。
M：やはり、太郎さんは、離婚することと里奈さんを心配することの関係が理解できないようですね。
花子：それはそうなんだけど……。ずっと家にいるのと、たまに会うのでは、影響力は違うでしょうし、何より里奈の心の負担が減ると思うんです。
M：花子さんは、今の段階でも、最初に離婚したいというお気持ちに変わりはありませんか。
　　　【ねらい】当事者の気持ちの変化を感じ、相手方にも分かるように確認する。
　　　【スキル】閉じた質問
花子：そうですね。離婚したい気持ちに変わりはありません。でも……。
M：何か変わったところがあったら、お話していただいていいでしょうか。
花子：うまく言えませんが、モヤモヤしてきて来た感じです。
M：離婚したいという気持ちに変わりはないけれども、モヤモヤした気持ちだということですか。モヤモヤというに、何に対しての気持ちでしょうか。
花子：今までは、太郎さんと一緒に生活しないことが里奈にとってもいいことだとしか思っていませんでしたが、なんだか本当にそうなのか分からなくなってしまって……。もちろん、離婚の話は、里奈のためだけではなく、私のことでもありますから、その気持ちに変わりは無いんですが……。
M：里奈さんのためには、どうするのが一番良いのかが分からなくなってきた

ということでしょうか。では、少し里奈さんの立場でお話をしてみるのはいかがでしょうか。
　【ねらい】当事者が話したいことに話題を転換する
太郎：そりゃ、里奈にとっては両親が揃っていて、経済的にも安定した家庭で育った方がいいに決まってるでしょ。
花子：でも、お父さんやおばあちゃんに気を使いながらの生活がいいとは思えない。
M：花子さんは、里奈さんが、大人に気を使わずにいられる環境が必要だと考えているんですね。
　【スキル】リフレイミング
花子：はい、そうです。それが一番大切かなと。
太郎：母さんには、あまり里奈のやることに口出ししないように言っておく。ぼくはどうすればいいのかな。里奈がぼくに気を使っているとは思えないんだけど。
M：太郎さんには、里奈さんが気を使っているようには見えないということですね。花子さん、里奈さんのために太郎さんにできることにはどんなことがあるとお考えでしょうか。
　【スキル】開かれた質問
花子：そうですね。……よく分かりません。もうしばらく、別に暮らして様子をみたいです。
M：もう少し、今のままの生活を続けて様子をみてから考えたいということですね。太郎さん、花子さんはそうおっしゃっていますが、いかがでしょうか。
太郎：うーん、これ以上この場で言っても無駄なようですね。仕方ないですね。でも、しばらくってどれくらいなんでしょう。
花子：1か月くらいは欲しいです。
M：花子さんは1か月とおっしゃっていますが、太郎さんいかがですか。
太郎：まあ、いいですよ。それで納得するなら。
花子：1か月経ったら家に戻るということじゃないですよ。ひとまず1か月いまのままで里奈の様子を見てから考えるということです。それに、離婚の話は別ですから。
M：離婚については、花子さんのお気持ちは変わらないけれども、里奈さんの様子を今のままで1か月見てみたいということですね。その上で、再度お話合いをするということでしょうか。

花子：はい、来月また話合いができたらと思います。そのときには結論を出したいです。
M：太郎さんは、1か月後にまた話し合うということでよろしいでしょうか。
太郎：里奈のことは、分かりました。でも、その他のことで今日話し合えることは今日してしまいたいんですが。
M：里奈さんへの影響について以外で今日話し合えることは、今日話し合ってしまいたいということですね。それは、お金のことと帰宅が遅いことについてでよろしいでしょうか。
　　　【ねらい】次の課題を明確にして、話合いを進める
　　　【スキル】課題の提示
太郎：さっき、花子がそう言っていたので、それでいいです。
花子：はい、それでいいです。
M：では、お金の話から始めましょうか。

　　　（途中省略）

M：太郎さんから、お金の使い道と帰宅が遅いことについては今説明がありました。お金については、今取り組んでいるプロジェクトの関係で会社の経費にはできない出費があるので、やむを得ず個人で負担している部分があることや立場上、身なりにも気を配らないといけないので、スーツを新調したことなどがありました。帰宅が遅いのも、締切間際に変更があったりして、残業が続いたことなどがありました。
　　　【スキル】要約
花子：もっともらしい説明だと思います。でも、サラ金からの借金はどういうことなの。知ってるのよ。私に黙ってサラ金で借金していることも、支払いが遅れていることも。
　　　とっても不安です。陰で何をしているか分からない人と一緒に暮らすなんて。
太郎：(話を遮るように) 他人の郵便を勝手に開けたのか。こちらも、他人の郵便を勝手に開ける女とは一緒に暮らしたくないね。
花子：あなたが何も言ってくれないんだから仕方ないでしょ。私だって、他人の郵便を勝手に開けたくなんかありません。でも、そんなことをさせたのは、あなたなんですよ。なのに、その言い方はないでしょ。謝ってよ。
太郎：(話を遮るように) プライバシーを侵害しておいて、こっちが悪いとは

驚いたな。そんな理屈は通じない。謝るのはそっちだろう。だから、お前はダメなんだよ。

M：最初にお約束した様にお話は順番にしていただきますので、途中でさえぎったり反論はしないようにお願いします。よろしいでしょうか（双方の様子を確認する）。では、花子さんが、その通知を開けたときのことについて、もう少しお話いただけますか。

　　　【ねらい】ニーズの掘り起こし
　　　【スキル】開かれた質問　グランドルールの確認

花子：はい、初めはよくあるDMかと思ったのですが、良く見ると「督促」って書いてあるので、気になって気になって。それで、開けて見ちゃったんです。そりゃ、良くないことは分かっていましたが、最近、何か変だなあと思っていたこともあって……。まさか、あんな所から50万円も借りていたとは思いませんでした。それで、いつかは聞こう、聞こうと思っていましたが、なんだか怖くてなかなか言い出せずに今日になってしまったんです。

M：何もなければ他人の手紙を開けるようなことはしないけれども、「督促」という文字とこれまでの状況から、気になったので開けてしまい、50万円借りていることが分かり、とてもびっくりしたということでしょうか。

　　　【スキル】リフレイミング
　　　　　　　要約

花子：そうです。50万円は何に使ったの。

太郎：だから、さっきから言ってるように接待とかだよ。中には会社の経費になったものもあるので、後で精算したものもあるけどね。

花子：カードを使った分も含めて、3か月くらい前からの明細を見せてもらわないと信用できないんだけど。

太郎：明細？　カードの分は毎月明細が来るでしょ。借りたお金の明細なんてないよ。

花子：領収書はあるんじゃないの。

太郎：会社のデスクにあると思うけど……。

M：3か月前からのカードの利用明細と借りた50万円の領収書を確認し、太郎さんから説明して欲しいということですね。来月の話合いの時でよろしいでしょうか。

花子：はい、来月でいいです。

太郎：それを出せば、離婚はしないということなのか。

花子：それは分かりません。あなたへの不信感がなくなれば、そういうことになるかもしれませんが‥。
M：離婚については、また次回お話をするということですね。
　　では、太郎さんは次回までに書類の準備をお願いします。
太郎：仕方ないですねぇ。分かりました。
M：では、そろそろお時間ですので、今日はこれで終わりにしたいと思いますが、何かおっしゃりたいことがあればどうぞ。
花子：今まで言えなかったことが言えて、なんだかすっきりしました。少し気分も落ち着いたので、もう少し考えてみます。
M：おふたりともお疲れさまでした。では、来月、またお会いしましょう。詳しい時間などは、来週ご連絡させていただきます。

　当事者同士が課題について合意を進めようとするとき、どんなアイデアでも出してよいという場を作り出すことが必要です。また実際に課題について合意を進めようとすると、また以前の話に戻ってきてしまうこともあります。しかし、ここで思い出していただきたいのは、立場によって当事者が話している課題は、真っ向から対立していることがあり、話合いがしにくいために、メディエーターは話し合いやすい課題から進行をしているということです。話しやすい、そして両当事者が大切にしたいと思っていることから話すことで、話合いをしやすい場を作っていくことが大切です。また、最終的な合意事項については、メディエーターには確実に履行されるのかどうかをチェックする役割もあります。それがリアリティチェックです。行動の具体性を確認し、無理がないか確認します。
　明確に決めなければならないことについて、ベクトルが真っ向から対立していることがあります。（離婚したい、したくない。お金を支払ってほしい、支払う必要はない等）その点を最初から話し合うことは大変難しいことは、容易に理解できるところです。それで、まず話しやすいところから話をはじめていきます。もちろん、話しやすい課題を話す中で、立場による違いについて課題にあげなければならない局面は出てきます。その課題を選択していくタイミングと課題の提示の仕方が対話促進―問題解決モデルの大きな特徴です。

▶ **ステージ7**
フォローアップ
話し合いの最後の場面

M：次回のお約束の日にちを決め、本日のお話し合いの結果、合意ができたところまで確認させていただきました。このお約束したことを持ち帰り、もし何かご不安や心配なことが出てきましたら、こちらの連絡先までご連絡ください。次のお約束の日程の1週間前に私たちからご連絡させていただきます。その際、今回お約束した内容を実際行われてみた結果などについてもお話をうかがわせていただきますので、そのときにお話しいただいてもかまいません。別のサポートが必要になれば一緒に考えさせていただきますし、また新たに話合いの課題が出てくれば、それも考えていきましょう。本日はどうもありがとうございました。

　合意したものの、実際の現場（今回のケースの場合は家庭）に戻れば、現実の生活があります。合意したことを行おうとしたところで、当事者にとって不安が生じる場合も少なくありません。また、行った後で新たな課題が出てくることもあります。メディエーターがお手伝いできるのは、話合いの進行についてだけ、というのが従来の考え方でした。しかし、メディエーターが話合いの期間はもとより、最終的な合意ができた後でも、半年ほどフォローアップのサポートを行っていくことも必要ではないかという考えもあります。フォローアップの中で必要に応じて異なるサポートを紹介したり、あらたに話合いを設定していくことも含めた体制も必要になります。

自己決定-認知変容モデル(トランスフォーマティブ・モデル)対話例

▶花子さんとの話

このモデルは、両当事者それぞれの中で起こるエンパワメントシフトとリコグニションシフトの支援です。
両当事者が揃って話合いをする前の段階、つまりケースマネジメントの場でも、その姿勢は変わりません。

M：今回メディエーションのお申込みをいただいた山田花子さんですね。ようこそいらっしゃいました。私は、木村といいます。よろしくお願いします。さて、どうやって始めたらよいでしょうか。最初に私から私たちの役割や方法についてお話ししたほうがよいでしょうか、それともご相談を伺ったほうがよいでしょうか。

　　【ねらい】エンパワメントシフトへの支援
　　　　　　進行方法も当事者が決定する
　　【スキル】オープニング

花子：そうですね……。私も初めてのことで、どうお話したらよいのか分からないのです。友達にこちらを紹介され……。なんとなく、聞いてはいるのですが……、何をお聞きすればよいかも分からないので、まずは私の話を聞いていただいてよいでしょうか……。夫の太郎と離婚したいんです。これまでずっと彼との生活を我慢してきました。でももう限界です。これ以上耐えられそうにないし、子どものためにもよくないと思い、家を出て離婚したいと言ったのですが、夫は無視しています。

M：お友達にご紹介されてこちらにご連絡いただいたのですね。ご相談について私がうかがったのは、ずっと我慢してきたけれども、これ以上は我慢できないので、お子さんのためにも太郎さんと離婚されたいと思っている。しかし、そのことを太郎さんは無視しているということですね。

　　【ねらい】エンパワメントシフトへの支援
　　　　　　話し手の話をそのまま映し出す
　　【スキル】リフレクション

花子：はい……。それに……。（しばらく沈黙）
M：……（待つ）
　　　【ねらい】エンパワメントシフトへの支援。話のペースは当事者に任せる
花子：お話するのも恥ずかしいのですが……。最近、夫がおかしいんです。残業でもないのに毎日帰りが遅く、銀行の預金もかなり減っているんです。前はこんなことなかったので、きっと何かあるに違いないんですが、聞いても何も教えてくれません。
M：私には、とてもお話しづらそうに見えます……。様子が以前と違うということですね。毎日遅くなるし、銀行の預金も減っている。しかし、以前はこんなことがなかったのにという思いをもっていらっしゃる。また、太郎さんは聞いても何も教えてくれないということですね。
　　　【ねらい】話し手の話や話している状況をそのまま映し出す
　　　【スキル】リフレクション
花子：えっと…、そうですね……。2、3か月前からでしょうか、急に帰りが遅くなり、新しいスーツも増えたようなので、預金を確認したら、ずいぶん減ってしまっていてびっくりしました。
　そうしたら……（泣き出す）。先日、夫あてにサラ金というんですか、から手紙が届いたので、こっそり開けてみたんです。そしたら、借金の返済が遅れているので早く支払えという内容で、本当にびっくりしました。そんなところからお金を借りたことは聞いていませんし、いつ借りたのかも何に使ったのかもまったく知りませんでした。
　それでもう信じられなくなって……。
M：……つらいお気持ちですね。どうしましょうか。お話を続けて大丈夫ですか。（当事者のうなずきを待って）2、3か月前から新しいスーツが増えたので、預金を確認したらずいぶん減っていてびっくりされた。そのうえ、サラ金から督促の通知が来ていて、何も聞いていなかったので、びっくりされて、信じられなくなってしまわれた。
　　　【ねらい】エンパワメントシフトへの支援
　　　　　　話し手の状況を映し出す
　　　【スキル】リフレクション
花子：ええ、そんな感じです……。
M：……（うなずくのみ）。
花子：……それで、父の所有しているアパートに空き部屋があったので、そこ

に子どもとふたりで暮らしています。子どももだいぶ落ち着いてきて。離婚の決心もついたんです。

M：お父様所有のアパートに住んで、お子様も花子さんもだいぶ落ち着いてきて、離婚の決心をしたのですね。

　　　【ねらい】エンパワメントシフトへの支援　話し手の状況を映し出す
　　　【スキル】リフレクション

花子：ただ……家を出てから2か月以上経ちますが、夫からの送金はないので、親の世話になっています。私の貯金とかもほとんどありませんし……。夫には生活費も払って欲しいと言ってるのですが、何の反応もなくて。

M：2か月以上経って太郎さんから送金もなく、ご両親に世話になっていて貯金もほとんどないので、生活費を送ってほしいといっているのに、太郎さんからは何の反応もないのですね。

花子：はい……。私どうしたらよいのか、本当に分からなくなって、友達に相談したんです。そしたらこちらを紹介されて。

M：どうしたらよいのかをとても悩んで、お友達の紹介で、こちらにご連絡いただいたということですね。

花子：ええ……。

M：……（待つ）。

M：……どうしましょうか。お話しされる言葉が少なくなっていますが、お話を続けられますか。

　　　【ねらい】状況を映し出して進行をどうしたいのか確認する
　　　【スキル】リフレクション＆チェックイン

花子：今、ほんとに何にも考えられないんです。市役所の法律相談に行ったら難しいこと言われてよく分からないし……。すみません。メディエーションってどんな風にするのですか？

M：今はいろいろ考えられないし、法律相談も花子さんにとっては難しかったということですね。では、メディエーションについて少しお話しさせていただいてよろしいですか。

花子：はい……。お願いします。

M：私は、花子さんと話し合いたい相手の話合いをお手伝いするメディエーターです。話合いで何を話すのか、いつ話すのか、どんな風に話すのかもすべて花子さんとその相手方が決めていただく方法です。私たちは花子さんたちの話合いをお手伝いしていくことになります。

【ねらい】自己決定-認知変容モデル（トランスフォーマティブ・モデル）の説明

花子：話し合いたい相手……、主人なのか、義母なのか……、借金のことも、生活費のことも、子どものことも、何もかもよく分からなくて……。

M：花子さんが、話し合いたい相手のことも、何について話すのかも、よく分からない状態だということですね。……私たちは花子さんが話合いたいことの話し合いをお手伝いさせていただくのですが、まずどこからお話しましょう。話し合う相手か、内容、お子さんのこと、どの辺りからお話しを進めましょうか。

花子：……そうですね。……相手？　相手……って、誰なんでしょう……。でもきっと一番話を聞きたいのは夫なんですよね。

M：話し合いたい相手ということで考えられて……、一番は、太郎さんだと、今考えられているということですね。

　　【ねらい】状況を映し出す上で、沈黙も映し出す
　　【スキル】リフレクション

（途中省略）

M：では、こちらから、太郎さんにご連絡させていただきます。質問など他にありますか。

花子：えっと……、1回の話し合いの時間どれくらいで考たらいいんでしょうか。子どものこともあるので、私は4時間くらいが限界かなと思うんです。

M：話合いをはじめるに当たり、1回の話合いの時間について確認したいということですね。それについては、太郎さんの考えも私たちからお聞きします。

花子：あと、私の手元にある話合いの資料みたいのは事前にそちらに送った方がよいですか

M：送っていただく分にはまったくかまいませんが、それをみて、私たちが何か判断するということはありませんので、話合いに必要だと思われたものは、当日ご持参いただくので、まったくかまいませんよ。

花子：分かりました。では当日持参します。

▶太郎さんとの話　　（電話）

M：もしもし、メディエーターズの木村と申します。今回、山田花子さんから、私どもに山田太郎さんと話合いをしたいとの申込みがあり、先日お手紙を送らせていただきました。その件で今お話ししてもよろしいでしょうか？
　　　【ねらい】相手方にとっては、事前に手紙を送っていたとはいえ、突然のことなので、時間的な了解は最初にとる
太郎：ああ、10分くらいなら大丈夫ですけど。
M：ありがとうございます。お手紙はお読みいただけましたでしょうか。
太郎：あー、あの白い封筒でしょ。読みましたよ。妻はそちらに何て言ってるんですか。
M：花子さんのおっしゃっていることは、今後について話し合いたいということなのですが、どこからお話を伺えばよろしいですか。
　　　【ねらい】エンパワメントシフトの支援
　　　　　　話す内容を本人が選択する
太郎：何についてって、僕は家に帰ってきてくれればよいんですよ。話し合う必要なんてないです。家族なんですから。黙って出て行ったのは花子ですよ。
M：太郎さんは花子さんが帰ってきてくれればよいし、お話合いは必要ないと考えていらっしゃるのですね。
太郎：そうですよ。だって、花子が出て行ったのに、やれ生活費だの何だのって……。勝手なやつなんですよ。謝って帰ってきてくれれば、僕は前のとおりにしていくつもりですよ。
M：花子さんが自分で出て行ったのに、生活費を請求するなんて勝手である。戻ってきさえくれれば前の通りになるということですね。太郎さんとして今後どのように進めて行かれますか？
太郎：どんなふうにって言われても……。待ってますから、それでいいじゃないですか。
M：帰ってくるのを待つ、ということですね。
太郎：……あいつは、感情的になって、泣くばかりで話にならないんですよ。僕はいつでも話し合うつもりですよ。なんてったって家族なんですから。でも何で家族の話を他人のあなたに話さなくちゃいけないんですか。
M：太郎さんはいつでも話合いがしたいけれども、花子さんは感情的になって

第2章●調停者・メディエーターのための実践方法

しまうので話合いが難しいと考えてらっしゃるんですね。私たちの役割や方法について、少しお話させていただいてもよいですか？
　　　【スキル】リフレクション
太郎：パンフレットは読みましたけど、お宅には今話したくないです……。今はいいです。もう少し彼女を待ちますから。
M：もう少し待つということですね……。もう少しというのは、どれくらいをお考えか伺ってもよろしいですか。
　　　【スキル】リフレクション＆チェックイン
太郎：うーん、2週間あれば帰ってくるでしょう。もし、2週間しても帰って来なければ連絡しますよ。仕方ないから。
M：了解しました。花子さんには2週間後にご連絡が入る旨お伝えします。いずれにしても2週間お待ちしますね。
太郎：（ガチャンと電話を切る）

（2週間後、太郎より連絡が入り、再度、話を聞くことに）

M：ご連絡ありがとうございます。
太郎：僕から連絡しても、あいつはずっとそちらを通して話をしたいって言ってばかり……。僕としては、そちらを利用するしかないんだよ。仕方ないし、本当に彼女のわがままにはついていけないよ。まあ、いつまでもこのままじゃ、娘にも会えないし、僕も困るよ。
M：このままでは娘さんにも会えないし、困っていらっしゃる。どこからお話を伺えばよろしいでしょうか。先にお話伺ったほうがよいですか、あるいは私たちの方法や役割についてご説明したほうがよいですか。
太郎：そちらの方法を、まず教えてくださいよ。
M：はい、分かりました。私は、太郎さんと花子さんの話合いをお手伝いするメディエーターです。話合いで何を話すのか、いつ話すのか、どんな風に話すのかもすべて、太郎さんと花子さんが決めていただく方法です。私たちは太郎さんたちのお話合いをお手伝いしていくことになります。
太郎：花子は、離婚したいって言ってるんだけど、僕は離婚するつもりはないんだけど、どうしたらよいのかアドバイスはしてくれるの？
　　　えーと、それから、平日は仕事で行けませんけど、土日でも大丈夫なんですか。あと、お金もかかるんでしょう？

自己決定-認知変容モデル対話例

M：私たちは、双方にどうしたらよいとかのアドバイスをする役割ではないのです。お互いの気持ちや事情をそれぞれお話ししていただくなかで、お互いにどうされたいのかを決めていく建設的なお話合いをお手伝いさせていただきたいのですが……。土日も大丈夫です。費用はパンフレットに記載のとおり、1回の話し合いにつき、おひとり15,000円と消費税になります。

太郎：なんだ、アドバイスはしてくれないのか……。ふたりで話しても感情的になっちゃって、もうどうしようもないんだよな……。弁護士に頼むような話じゃないと思うし、少し時間くれない？　どうしたいか少し考えたいのだけど。

M：もちろんです。少しお考えいただいて、ご連絡をいただけるということでよろしいでしょうか。ご連絡などはどうしたらよいでしょうか？

太郎：うーん、1週間後くらいにこちらから電話しますよ。

M：はい。1週間ですね。では、ご連絡お待ちしております。お忙しいところ、お時間をいただき、ありがとうございました。

　　　（同席での話合い）

M：今日は、お越しいただき、ありがとうございます。私はメディエーターの木村です。よろしくお願いします。
　　【サインポストイベント】：オープニング
　席の場所や向きなど、話しやすいように動いていただいても結構ですけど、いかがですか。
　　【ねらい】エンパワメントシフトの支援
　　　　　　当事者同士が話しやすい場を作る
　　【スキル】座席の確認

花子：(太郎と正面で向き合わないように、椅子の向きを少し変える。)

M：太郎さんは、そのままでよろしいですか。

太郎：……。

M：では、話合いを始めたいと思います。すでに、それぞれからお話を伺ったときに、メディエーションについても簡単にお話させていただいていますが、もう1度、確認させてください。何か分からないことがあったら、途中でも結構ですので、聞いてください。
　まず、私がおふたりから聞いたことはおふたりの承諾なく外に出すことは

ありませんので、どうぞ安心してお話ください。また、ここで取らせていただいたメモは、すべてが終わりましたらシュレッダーで処分させていただきます。
話合いで何を話すのか、いつ話すのか、どんな風に話すのかもすべて、太郎さんと花子さんが決めていただく方法で、メディエーターである私は、そのお手伝いをさせていただく役割になります。
進め方やメディエーターの役割についてご質問などありますか？
　　　【ねらい】これから行うメディエーションの理論や考え方に基づき、話し合いの進行方法を確認する

太郎・花子：（両者首をふる）

M：山田花子さんと山田太郎さんなので、花子さん、太郎さんと呼ばせていただいてよろしいですか。
　　　【スキル】名前の確認

花子：はい。大丈夫です。

太郎：（うなずく）

M：では、どのようにお話を始めましょうか。
　　　【ねらい】メディエーションを始めるとき
　　　【スキル】オープニング

太郎：とにかく、帰ってくればいいんだって言ってるじゃないか。勝手に出て行ったのは君じゃないか。里奈にも会えないし。
　　　【サインポストイベント】当事者が自分の話を始めたとき

花子：……。

太郎：君が話し合いたいって言ってここに申し込んだんだろう？　なのに、黙ってるの？

花子：……。

太郎：いい加減にしてくれよ。お前はいつもそうじゃないか。話し合いたいって言うから、僕も時間を作ったんじゃないか。里奈にだって会いたいし、里奈は僕の子だ。お前が勝手に連れて行ったんじゃないか。

花子：……。

M：太郎さんは、花子さんが話し合いたいというのでせっかく時間を作ったのに、黙っているばかりでどういうことか分からないということですね。花子さん、とてもお話しづらそうですが、どうしましょう。
　　　【ねらい】エンパワメントシフトの支援

　　　　その場の双方の状況を映し出し、進行方法を確認する
　　【スキル】サマリー＆チェックイン

花子：私は……。あなたの……。そういった言い方が怖いのよ。私だって……、話し合いたいです。

M：（しばらく待つ）

花子：……。

M：花子さんは太郎さんの話し方が怖いということですね。

太郎：いい加減にしてくれよ。そんなの本題じゃないじゃないか。

M：（ふたりの様子をじっと見守る）

太郎：……。分かったよ。今日は落ち着いて話すから。まず、どうして出て行ったのか教えてくれよ。僕にはちっとも分からないんだから。

花子：私は……、あなたとの生活を一度リセットして、もう一度里奈と人生をやり直したいの。ずっと我慢してきたのよ。もう限界。

　　　【サインポストイベント】当事者間でコミュニケーションを取ろうとしているとき

太郎：我慢て何？　何に我慢していたの？　何も分からないので説明して欲しいんだけど。何の説明もなく離婚は無いと思うけど。

M：花子さんは、これまで我慢したきたけど、太郎さんと離婚して、お子さんを育てたいと思っているようですが、太郎さんは、何に我慢していたのかも分からないし、何の説明もないまま離婚というのは考えられないということですね。

　　　【ねらい】エンパワメントシフトとリコグニションシフトの支援
　　　　　　両者の話の内容を映し出す
　　　【スキル】サマリー

花子：……結局あなたは　何も分かってくれてなかったのね。……。

M：（ふたりの様子をみながら、じっと待つ）

花子：何に我慢て……、いろんなことです。里奈のこと……お義母さんのこと……お金のこと……。あなたの性格のこと……。そして、一番のきっかけは、あなたの帰りが遅くなったこと。

M：お義母さんのこと、お金のこと、そして太郎さんの性格のこと、そして一番は太郎さんの帰りが遅くなったことということに我慢していたのですね。

　　　【ねらい】エンパワメントシフトの支援　　話の内容を映し出す
　　　【スキル】リフレクション

花子：何よりもあなたの里奈への態度よ。あなたが、酔っ払ったときなんかはベタベタして里奈を追いかけまわしたと思ったら、突然、大きな声で怒ったりして、態度が全然違うので、里奈がどうやって接したらいいのか分からなくて、困っているの分かってますか？　あなたに何度か言ったけど、全然まともに聞いてくれなくて、まあ、それはいつものことですけど。里奈が可哀想だし、あなたに言っても直りそうもないし。

太郎：里奈が可哀想？　考えすぎなんじゃないの。そんなことないと思うよ。いつも楽しそうに遊んでるじゃないか。そりゃ、たまには叱ることもあるけど、それはしつけだから仕方ないでしょ。それで離婚なの。分からないなあ。

花子：分からないでしょ。だからもうイヤなのよ。自分の事しか考えてないんだから。

太郎：え！　自分の事しか考えてなのは自分だろ。家を出るときに家電も全部持ってくなんて。俺の生活はどうなると思ってるんだ！

　　　【サインポストイベント】当事者間でコミュニケーションを取ろうとしているとき

M：（ふたりの様子を観察しながら、しばらく見守る）

花子：ほら、またそうやって大きな声を……。最初に約束したじゃない。もう話し合うのは無理ね……。もうやめましょう。

　　　【サインポストイベント】進め方を選択するとき

太郎：……。

M：（しばらく太郎と花子の様子を見守り）花子さんは太郎さんが酔っ払ったときなどの里奈さんへの態度についてお話になり、太郎さんはそれはしつけだし、それが離婚の原因になるとは考えられないということですね。

　　　【ねらい】エンパワメントシフトの支援
　　　　　　その場の双方の状況を映し出す
　　　【スキル】サマリー

花子：そうなんです。そのことに夫は気がつかないんです。帰りが遅いことも、まあ、ある程度は仕方がないって思うんですけど、それが私や里奈にどんな思いをさせているかなんて考えてもいないんです。
　　　だからもう一緒にいたくないんです。

花子：……。

花子：それにお義母さんのことよ。

太郎：おふくろ？

花子：(ただ泣く) 私がどんな思いでこれまで過ごしてきたあなたはちっとも分かってくれないのね。里奈のこともお義母さんのこともすべて私に任せっきり……。もうあなたと一緒に暮らせないのよ (泣く)。

M：(しばらく様子を見る。ふたりを交互にみる)

太郎：おふくろの事なんか、理由になるわけないじゃないか。僕のこともちっとも分かってくれないんだね。仕事がどんなに忙しくっても君たちのために、こんなにがんばってることをちっとも分かってくれないじゃないか。それなのに、勝手に子ども連れて出て行って。

花子：何かと言えば、仕事、仕事なのね。

太郎：家族のためにと思って働いているんじゃないか。どうしてそれを分かってくれないんだ。

花子：そんなの口では何とでも言えるわ。態度に出なければ、思っているだけでは思っていないのと同じでしょ。

M：花子さんは太郎さんへの里奈さんへの態度や、お義母さんのこと、そして帰りが遅いということをお話になり、何かというと仕事、仕事と言っているということ、そして太郎さんは家族のために働いているということを分かって欲しいということですね。今、いくつか話題がでましたが、何についてお話しましょうか。

　　　【ねらい】ふたりの状況を映し出し、進行方法を確認する
　　　【スキル】サマリー＆チェックイン

花子：私だって、家族が大切に決まってるじゃないですか。それを、あなたは、これ見よがしにこういうところでかっこつけていうのよ。私の苦労なんてちっとも分かってくれないじゃない (泣く)。

M：(しばらく様子を見守ったあとで) 太郎さんも花子さんも里奈さんや家族のことを大切に思っているということころは共通の思いである一方で、花子さんは、太郎さんがいつも仕事、仕事と、仕事を優先して、自分の苦労を分かってくれないと感じられているのですね。

　　　【ねらい】エンパワメントシフトとリコグニションシフトの支援
　　　　　　　その場の双方の状況を映し出す
　　　【スキル】サマリー

太郎・花子：(沈黙)

太郎：帰りが遅いのだって何かトラブルがあれば残業してでも対応しないといけない時期なんだよ。何回言えば分かるんだよ。

花子：結局あなたは仕事といえば私が黙ると思ってるのよ。もう話合いをしても意味がないわ。終わりにしましょう。
太郎：君が話合いを申し込んだんだろう。勝手なやつだな。
花子：（目を合わせずに帰り支度を始める）
　　　【サインポストイベント】当事者の言葉や態度が対立している時
太郎：ちょっと待てよ。
M：メディエーションを申し込んだ花子さんからお話が出たのは、離婚したいということ、その理由として太郎さんのこと、お子さんのこと、そしてお母さんのことをとても悩まれてきたということ。太郎さんからはお仕事が大変だということを分かって欲しいというお話が出ました。これから、どうしましょうか。少し休憩を取ることもできますし、お話を続けることも、ここで一度やめることもできます。お話合いを続ける上での方法や約束を決めることもできます。この時間と場をどのようにお使いになりたいですか。
　　　【ねらい】エンパワメントシフトとリコグニションシフトの支援。両当事者が今後の進行方法を選択する自己決定を支援する
　　　【スキル】リフレクション＆チェックイン
花子：それに……。私……。
太郎：なんだよ……。
花子：私、見ちゃったのよ。借金の督促。あれは何？
太郎：他人の郵便を勝手に開けたのか？　なんてやつだ。だからお前はだめなんだよ。
花子：あなたが何も言ってくれないんだから仕方ないでしょ。私だって、他人の郵便を勝手に開けたくないわよ。でも、そんなことをさせたのは、あなたなのよ。何も言ってくれないんだから。なのに、その言い方はないでしょ。謝ってよ。
太郎：プライバシーを侵害しておいて、こっちが悪いとは驚いたな。そんな理屈は通じない。謝るのはそっちだろう。
M：太郎さんはご自分宛の郵便物を勝手に開けられたことについて、花子さんは太郎さんのお話の仕方についてそれぞれお話になられていますね。おふたりとも感情が高まっているように私には見えるのですが、どうしましょうか。
　　　【ねらい】エンパワマントシフトとリコグニションシフトの支援
　　　　　　　状況を映し出し進行方法を確認する

【スキル】サマリー&チェックイン
花子：初めはよくあるDMかと思ったのですが、よく見ると「督促」って書いてあるので、気になって気になって。それで、開けて見ちゃったんです。そりゃ、良くないことは分かっていましたが、最近、何か変だなあと思っていたこともあって……。まさか、あんな所から50万円も借りていたとは思いませんでした。それで、いつかは聞こう、聞こうと思っていましたが、なんだか怖くてなかなか言い出せず今日になってしまったんです。
太郎：そういうところが、自分勝手だって言うんだよ。お前だって、屁理屈こねてるじゃないか。だから君は駄目なんだ。
花子：開けたのは悪かったって言ってるじゃない。それをどうしてあなたはいつも、そういう言い方をするの（泣き出す）。
太郎：……君はいつもそうだね。自分に都合が悪くなると、そうやって泣き出す……。
M：（しばらくふたりの様子を見守る）
太郎：そう言えば。さっき、おふくろのこと言ってたけど、それはどういうこと。
M：お母様のことにお話が戻りましたね。
　　　【スキル】リフレクション
花子：そこに戻るのね。いいわよ。話すわよ。お義母さん、もともと私たちの結婚には反対だったんでしょ。そのせいか、いつも40を過ぎた息子の味方ばかり。何でも自分の思い通りにしないと気が済まないみたい。里奈についても同じで、頼んでもいないのに英語の教材買ってきたり、私立の小学校のパンフレットをわざわざ持って来たりで、私たちの意思を無視しているでしょ。もう嫌なの。
M：花子さんは、太郎さんのお母様が里奈さんの教育のことなどにお母様の意見を押し付けようとしていることやいつも太郎さんの味方ばかりするし、自分たちの意思を無視されているように思われるということですね。
　　　【ねらい】エンパワメントシフトの支援
　　　　　　話し手の状況を映し出す
　　　【スキル】リフレクション
太郎：そんな昔のこと今更。初孫で自分の好きにしたいのはあると思うけど、そんなのどこの家でも多かれ少なかれあるんじゃないの。それが嫌だから離婚ていうのは理解できないなあ。

花子：……あなたは本当に私のこと分かってくれないのね。……お義母さんのことが嫌いだからということではなくて、そういうお義母さんがいることで、里奈の教育のことについてもあなたが何も言わなくなることが嫌なんです。里奈は私たちの子なのに……。
（しばらく沈黙続く）
M：花子さんも太郎さんもお話しがしにくい状況だと私からは見えるのですが、このままお母様のお話をつづけますか、他のお話に移りますか。どうしましょうか。
　　　【ねらい】エンパワメントシフトの支援
　　　　　その場の双方の状況を映し出し、進行方法を確認する。
　　　【スキル】サマリー＆チェックイン
太郎：……里奈のことだって、いつも話はしてるじゃないか。それに、話をしたいのに離婚したいっておかしいんじゃないの。
花子：……また話が戻るのね。私だって、別れちゃったらもっと自分ひとりで考えなくちゃいけなくなることは分かってるわよ。
　でも、例えば、里奈はピアノが好きなので、もっとピアノを好きに弾かせてあげたいのよ。毎日のようにお義母さんが来て、「英語のお勉強はどこまで出来たの？」とか聞くので、里奈は好きでもない英語をしなきゃいけなくて、ピアノも自由に弾けないのよ。泣き出しそうなときもあるのよ。そんな里奈を見ていられなくて……。
　どうすればいいか相談したくても、あなたは「お前に任せるよ」だけでしょ。
太郎：分かったよ。母さんには言ってみるから、そしたら家に戻ってくるんだね。
花子：家に帰るのは……まだ無理。
太郎：じゃ、おふくろに話したって意味ないじゃないか。これ以上一緒に暮らせないってことなんだね……。
M：お母様には、太郎さんからお話しをするというお話が出てきました。それでは次に、その後どうするかについてお話が移ってきました。
花子：あなたが性格を変えてくれなければ、いくらお義母さんに話してくれたって、何も変わらないと思う。もうあなたと一緒に暮らそうなんて思えないのよ。もう疲れたの。
太郎：僕の性格って何？
花子：里奈を追いかけまわしたと思ったら、突然厳しくなったりして、態度に

自己決定-認知変容モデル対話例

波があるでしょ。今思えば、結婚前から、私に対してもとても波があって、あぁ、そうだったんだと思ったのよ。こんなに不安定な気持ちで育つ里奈はちゃんとした大人に育たないわ……。

太郎：（花子を凝視して沈黙）

M：（しばらく様子をみて）花子さんは、太郎さんの波のある性格が里奈さんに良くない影響を与えるのではないかと心配されているのですね。

　　【ねらい】エンパワメントシフトの支援
　　　　　　話し手の状況を映し出す
　　【スキル】リフレクション

太郎：何でそんなことを心配するのかよく分からないですね。今だって、里奈はいい子に育ってますよ。君とだって幸せに暮らしてたじゃないか。里奈には父親、母親が揃ってそばにいるのが一番良いに決まっているじゃないか。どうしてそれが君には分からないのか、それが分からないよ。

太郎・花子：（沈黙）

花子：（沈黙が長く続いたあとで）離婚したい気持ちに変わりはありません。でも……。

太郎：でも、なんだよ。……僕はもう疲れたよ。僕は君が本当に分からないよ。今日はもうやめよう。

M：（ふたりの様子をじっと見守る）
里奈さんのことはおふたりとも大事に思っていて、太郎さんからお母様にお話しするとのこと。そしてその後、花子さんが離婚の意思が固いという理由が太郎さんにはよく分からない。そしてお子さんに対しての両親のあり方という点ではおふたりの考え方が違うというように私には見えたのですが、いかがでしょうか。

　　【ねらい】エンパワメントシフトとリコグニションシフトの支援
　　　　　　その場の双方の状況を映し出す。進行方法を確認する
　　【スキル】サマリー&チェックイン

花子：……なんだか……モヤモヤしてきて来た感じです。
今までは、一緒に生活しないことが里奈にとってもいいことだとしか思っていませんでしたが、なんだか本当にそうなのか分からなくなってしまって……。もちろん、離婚の話は、里奈のためだけではなく、私のことでもありますから、その気持ちに変わりは無いんですが……。

太郎：そりゃ、里奈にとっては両親が揃っていて、経済的にも安定した家庭で

育った方がいいに決まってるじゃないか。

花子：……。

M：花子さんは、里奈さんにとっていろいろと気を使いながらの生活がいいことだとは思っていらっしゃらない。一方で太郎さんは両親が揃っていた方が里奈さんにとって良いと思っていらっしゃるということですね。

　　【ねらい】その場の双方の状況を映し出す
　　【スキル】サマリー

花子：はい、そうです。それが一番大切かなと。

太郎：だから、母さんには、あまり里奈のやることに口出ししないように言っておくから。僕はどうすればいいのかな。どうすれば、君は家に戻ってくるの？

花子：里奈のことを第一に考えてよ。それが父親でしょ！

太郎：当たり前じゃないか。僕だって、里奈のことを第一に考えてるよ。だったら、この場に連れてくればいいじゃないか。

花子：……だから、あなたは……。こんな場所に里奈を連れてきたら、すごく気を使うに決まってるわ。私はあの子を板ばさみにしたくないのよ。

太郎：この場に連れてきちゃいけないのですか？（メディエーターのほうを向く）。

M：おふたりが里奈さんのことをとても大切に思っていること、そして里奈さんをこの場に連れてきたらどうかという話が出てきましたね。おふたりが希望する方法をとることができます。ただ、里奈さんのことは私たちはまだ何も知らないので、お子さんの気持ちや緊張感などについてもう少し詳細にお話を伺ってからいろいろなバックアップ体制も含めてセッティングさせていただくことになりますが。

　　【ねらい】子どもの出席について考える
　　【スキル】サマリー　説明

花子：子どものことを考えれば当然だと思うわ。こんな場所に子どもを連れて来たくないです。なにせ、まだ5歳ですから。誰かきちんとした人がサポートしてくれると良いのですが……。

太郎：幼稚園のカウンセラーさんに頼めばいいじゃないか。僕は里奈の話を聴きたいよ。まず里奈に会いたいんだ。

M：（ふたりの様子をじっと見る）

花子：私が幼稚園のカウンセラーさんに聞くので、1か月くらい待ってくださ

自己決定-認知変容モデル対話例　　117

い。

太郎：……（がっくりした様子でしばらく沈黙）

M：花子さんはまずは自分がカウンセラーさんに聞いてみるので待って欲しいとおっしゃっていますね。太郎さんはお気持ちが沈んでいらっしゃるように私には見えるのですが……。

太郎：まあ、いいですよ。里奈のことは君が一番分かってるから。1か月経ったら、家に戻ってきてくれるんだね。

花子：でも……私は1か月経ったら家に戻るということは考えられないです。少し里奈の様子を見てから考えたいです。

M：里奈さんの様子をみて、花子さんもいろいろ考えていきたいということですね。

　　　【ねらい】エンパワメントシフトの支援
　　　　　　話し手の状況を映し出す
　　　【スキル】リフレクション

花子：はい、来月、幼稚園のカウンセラーの状況はお話しします。そのとき、自分の決心がついているかどうかも分かりません。

M：花子さんは来月また話し合いたいと希望されていますね。

太郎：来月里奈のことを話すのは分かりました。でも、その他のことで今日話し合えることは今日してしまいたいんですが。

M：今日話し合えることは、今日話し合ってしまいたいということですね。何についてお話ししたいですか。

　　　【ねらい】エンパワメントシフトの支援
　　　　　　話し手の状況を映す&進行の確認
　　　【スキル】リフレクション&チェックイン

太郎：僕の借金のことです。花子がそう言っていたので、僕にとっては濡れ衣ですよ。

　　　（しばらく沈黙）

太郎：今進行しているプロジェクトは、急ぎの出張とかはまず自分が立て替えないといけないんだよ。だからお金が必要なんだ。それは話していたじゃないか。それに、いろいろ大事なお客様と会うことも多いので、スーツを買ったりしなくちゃいけないって話したよね。

花子：こういう風に、理屈を立てるので、あなたと一緒にいたくないのよ。もっともらしい説明だと思います。でも、サラ金からの借金ってどういうこと

の。私に黙ってサラ金で借金していて、しかも支払いが遅れてるなんて……。そういうところが……、陰で何をしているか分からない人と一緒に暮らすなんて。

太郎：そういうところが、自分勝手だっていうんだよ。お前だって、勝手にひとの郵便物開けて屁理屈こねてるじゃないか。だから君は駄目なんだ。

花子：開けたのは悪かったって言ってるじゃない。それをどうしてあなたはいつも、そういう言い方をするの（泣き出す）。

太郎：……君はいつもそうだね。自分に都合が悪くなると、そうやって泣き出す……。

M：（ふたりの様子をしばらく見守る）

太郎：……前から言ってるように接待とかだよ。中には会社の経費になったものもあるので、後で精算したのもあるけどね。あとはおふくろに借りて、来月にはすべて清算する予定だから大丈夫なんだよ。だから来月には帰ってきてくれて大丈夫だから。

花子：またお母さんに頼むのね。いったいいくらお母さんに借りるの？　会社からの清算はいつどうやってしてて、本当はいくら借金があるの？

太郎：証拠を見せろってことだね。借金の内訳や状況は次持ってくるよ。あっ、事前にこちらに送った方がよいのですか？

M：花子さんは、お金の清算について納得できるものを見たい、そして太郎さんは証拠となる借金の内訳や状況が分かる資料を次回持ってくるということですね。こちらに送っていただいてもかまいませんが、私たちがそれを見て、何かを判断したりするわけではありませんので、次回こちらにいらっしゃるときに持ってきていただくのでも結構ですよ。

太郎：分かりました。では来月持参します。

太郎・花子：（ふたりとも黙りこむ）

M：（ふたりの様子を見守る）

太郎：……でさ。それを出せば、離婚はしないということなのか。

花子：結論は待って。まだ、あなたを信じられないし、これからのことを考えられないの。

太郎：僕は待ってるから。里奈と君を。

M：……（ふたりを見守る）。花子さんは、結論はもう少し待って欲しい、太郎さんは里奈さんと花子さんを待っているということですね。

太郎：はい、僕はふたりが帰ってくるのを信じて待ってます。

自己決定-認知変容モデル対話例

花子：(黙ったまま、うつむく)
M：花子さん、ずっと黙っていらっしゃいますね。
　　　　【ねらい】エンパワメントシフトの支援
花子：今はもうお話しすることは特にありません。考えて次回お話しします。
太郎：今日は僕も話すことはないです。次回にお願いします。
M：おふたりとも、今日は付け加えることはなく、次回に話すということですね。
太郎・花子：両者うなずく
M：では、本日の話はこれで終わりにして、次回の日程の調整をしましょう。

Q & A

Q: 話合い前の段階で必要なことは何ですか？

A: 田中圭子

　まずは両当事者が、自分の抱えているご相談をどのようにしたいのかをじっくり一緒に考えていくことと、私は考えています。問題を抱えている方が、相談に来るまでには、問題はこじれてしまっていることが多く、また当人にとっても、心身とも疲弊し、やっとの思いでご相談に来られていることが多いと思います。その思いと、ここに至るまでの経緯を受け止め、今ここに来て下さっていることに感謝し、これからどうしたいのかを一緒に考えていくことが、メディエーターとして必要と私は考えています。

A: 安藤信明

　メディエーションの趣旨や理念を理解していただくことではないでしょうか。誰かに解決してもらいたいと思いながらメディエーションをしているのと自分たちで解決しようという意思があった上でメディエーションをしているのでは、大きな違いがあるように思います。

　話合いに入る前に、メディエーションについて理解していただいているか確認することが重要だと思います。

Q: 話合いの準備の段階で、メディエーターが両当事者に接する上で大事にするべきことは何ですか？

A: 田中圭子

　これは主にケースマネジメントと呼ばれる手続きです。これもその組織が行おうとしているメディエーションの理論によって方法が異なります。対話促進-問題解決モデル（ファシリテーティブ・モデル）ではIPI分析（Issue Position Interestの分析）がこの時点から行われ、ケースマネージャーも一方当事者の話を聞きながら、相手方のIPI

も分析するなどを行いながら話合いをアレンジしていきます。認知変容-自己決定モデル（トランスフォーマティブ・モデル）では本文でもご紹介したように、ケースマネジメントの段階から当事者本人のエンパワメントシフトとリコグニションシフトが主なねらいとして行われます。

　従前海外では、メディエーションにおいて先入観を持ち過ぎないように、ケースマネージャーとメディエーターは別の人が行っていましたが、当事者にとってはせっかく信頼した人が話合いに登場しないことへの不安、当事者の語りに屋上屋を重ねてしまいかねない当事者の負担がクローズアップされるようになりました。あるいはメディエーターとして経験やトレーニングを積むことで、自らの先入観や思いをコントロールしてこそプロのメディエーターであるのではないかという議論が出てきて、最近ではメディエーターが最初から行うことが多くなってきました。

　また例えばイギリスでもケースマネジメントから始まるメディエーションが実際に対面の話合いになるのは15％～40％と言われています。わが国での割合は、より低いものとなるでしょう。つまり、このケースマネジメントがメディエーションに占める大きな役割を示していることは言うまでもありません。しかし、この数字が低いということは、決してメディエーション、メディエーター、ケースマネージャー、あるいは組織の質が悪いのか、失敗なのかというとそうでもありません。それは両当事者がメディエーションを選択しないという決定も尊重するのが、メディエーションの理念だからです。

　私は準備の段階でお話を伺うとき、申込人、相手方、双方に対してメディエーションをしようと決定すること、話合いの方法（同席や別席、専門家の同席）を決定していくのも当事者であり、メディエーターとしてはそれぞれの選択肢や当事者の決定を受け止めることを自分に言い聞かせています。もちろん、自分の理想を持って行って

いるメディエーションですので、多くを売り込みたいのも事実です。しかし、その方にとって本当のニーズは何なのだろうか、そしてその方がどのような方法を望んでいるのかということをお伺いするようにしています。

　私が主に経験しているのは対話促進-問題解決モデル（ファシリテイティブ・モデル）のケースマネジメントですが、その中では、紛争そのものについて当事者それぞれが語る事情、心情、背景などから、その紛争の概要やその方が本当に抱えている問題や、大事にしていることを伺った上で、その方にとってどんな方法がよいのかを一緒に考えていくことになります。コンフリクトマップを一緒に書かせていただくこともあります。その中で、話合いというものを希望される場合、誰と最初に話し合うべきかということも一緒に考えていくことになります。また、方法もしかりです。その方にとって、話合いの前には時間も勇気も必要な場合があります。その場合、そこで突き放すのでなく、その組織としてできること、そしてできない場合は、できるだけほかの組織や専門家にしっかり紹介し、つなげることを心がけるようにしています。

　一旦、対面の話合いを断った方（申込人、相手方両方）がいろいろ自分で考えて行動した後、再度申し込んでくるというのを、私自身経験したことは少なくありません。

　メディエーションは当事者にとって強要されるものではありません。それは相手方もまったく同様です。その方にとって何が大切なのかを一緒に考えていくことが大事と考えています。

A: 安藤信明

　メディエーターは、どちらの味方でもないけど、どちらの敵でもないと感じてもらうことでしょうか。当事者に寄り添うことは大切ですが、近づき過ぎるのも問題かもしれません。メディエーターは、当事者の紛争解決のお手伝いをするだけで、大したことはしてくれないけど、いてくれた方がいいと思ってもらえるように心がけてい

ます。

Q: メディエーションのスキルで大事なスキルは何ですか？
A: 田中圭子

　メディエーションのスキルと一言で言っても、本文でご紹介したように、それぞれの理論によってスキルと呼ばれるものはかなり異なります。

　ただ、それぞれに共通しているものとして、私は観察力、想像力、創造力の3つが共通の土壌をもっとも大切にしていること、そしてその上で見る→聴く→伝えるの3つを「ねらいと反応をしっかりと見据えた上で柔軟に誠実な姿勢で使うこと」がスキルと考えています。対話促進-問題解決モデル（ファシリテーティブ・モデル）と認知変容-自己決定モデル（トランスフォーマティブ・モデル）双方とも、当事者の話をそのまま映し出すということが必要になります。それは当事者が語ったストーリーを、メディエーターが聴き、メディエーターの口を通して伝えるにあたり、繰り返したり、言い返したり、要約したりすることで、当事者自身が理解を深めるというねらいもあります。一方でメディエーターが当事者の話を見て、聴いて理解している、共感しているということを示すことで、信頼を深めるというねらいもあります。認知変容-自己決定モデル（トランスフォーマティブ・モデル）ではその場の状況を映し出し（リフレクションとサマリー）、自己決定の場を確認していく（チェックイン）が主にスキルと呼ばれています。メディエーターとして状況を鏡で映し出すことです。鏡がゆがんでいたり、映し出しているものの形を変えてしまってはまったく意味がありません。しかし、人間は多かれ少なかれ先入観や思い込みを持っています。自分が映し出そうとするものが、自分自身にとってどういう意味を持つのかという自分自身を見る観察力も、起こっていることを映し出す観察力以上に必要になってくるのです。自分が想像する以上に、自分自身の表情や声色が変化してい

たり、体温が上昇していることがあります。そういった自分自身へのセンサーを研ぎ澄ましていることが求められます。

　また、例えば非言語の部分を映し出そうとするとき、想像力を働かせることも必要です。そしてこの時こそ、自分の先入観が入り込んでいるということを強く自覚しなければならない時なのです。その意味で、「もし自分の話すことが間違っていたら教えていただけますか？」という謙虚な姿勢をもって、訂正する機会を当事者にお願いしながら創造力を働かせることが必要になります。

　もう1つの創造力は、とくに対話促進-問題解決モデル（ファシリテーティブ・モデル）で必要になるでしょう。合意を一緒に作り上げていく上で、ブレーンストーミング的発想を参加者みんなができるようになるように、メディエーター自身が創造力を発揮することが求められます。そのためにも参加者の言動すべてを全身で見て、聴いて、その場を映し出し伝えることが必要と考えます。

A: 安藤信明

　大したスキルは必要でないと思います。問題はスキルではなく、当事者をどう見るか、どう感じるかだと思います。いろんな人生を知ること、自分には分からないものがあることを忘れないことがメディエーターに必要なものではないでしょうか。スキルは後から付いてきます。

Q: 複数のメディエーターがメディエーションに参加することの長所と短所を教えてください。

A: 田中圭子

　メディエーターが人である限り、人にはそれぞれの人生観や価値観があります。それが時として現れるのが思い込みや先入観です。

　対立当事者の話を聴く場合、自分自身がそういった先入観や思い込みを持っているといくら自覚しても、その箍が外れるときがあります。そういったときにCo-mediatorがそういったゆがみを正して

くれることは、とても重要な機会や当事者にとっても貴重な機会になることがあります。また、手続きを進める上で、うっかりしてしまうようなところをお互いにフォローできる体制も大きな長所です。

Co-mediatorと一緒にメディエーションに望んでいる姿勢は、対立している両当事者にとってコミュニケーションのモデルとなるものです。お互いにフォローし、助け合う姿勢は当事者に伝わります。そういった姿勢を持てることは複数のメディエーターがメディエーションに参加することの最大の長所となります。

一方で、メディエーター同士が「ありがとうございます」「お願いできますか」といった姿勢をとることは、時として、「同業者同士が自分をまるめこもうとしている」と思われることもあるかもしれません。こういう時ほど、注意が必要になります。自分たちの言動が両当事者にどのように思われているのか、しっかりと観察しながら、フォロー体制をとっていくことが必要です。

またこういったお互いのフォロー体制がとられず、どちらか一方が他方を指導してしまうような体制は、両当事者の強固な姿勢を生み出しかねません。人間ですので、相性があることは間違いありません。それが違う人と組めば、違う長所として発揮できるかもしれない点なのです。当事者に対しても同様です。自分とは違うキャラクターのメディエーターにはそれぞれに良い点があり、それが、その当事者にはマッチングする場合もあります。ケースマネジメントの時点で、そこを鋭く察知することが必要ですし、どうしてもCo-mediatorと合わないなと思う場合は、体制の変更を柔軟にできる点も、メディエーションの利点でしょう。

A: 安藤信明

当事者から見れば、ひとりよりふたりの方が安心感があったり公平に扱ってもらっている感じがあるのではないでしょうか。また、メディエーターの立場からも「もうひとりいる」という安心感はあると思います。ただ、事前の準備などの時間が必要になるので、ど

のような体制でメディエーション全体の仕組みを作っているのかやメディエーターの構成などにも配慮が必要でしょう。

Q: 和解が成立し、合意書を交換しましたが、帰宅後、当事者から気持ちが変わったと連絡してきました。そのような場合どうしますか?

A: 田中圭子

　対面の話合いでいろいろ悩み、考え、結論を出しても、話合いの席を離れて、現実に戻ったときに、こうすれば良かった、ああすれば良かったと思うことも多いでしょう。メディエーションに携わる者として、「一度決めたじゃないか!」と結論を最終結論としてしまうのではなく、人の気持ちは移り変わるものであることも事実として受け止める必要もあります。そんな時、もう一度そういった現実をお互いに分かち合い、改めて話し合うことができるのがメディエーションの長所でもあります(公正証書など、債務名義とならない場合を想定しています)。

　メディエーター(あるいはケースマネージャー)は気持ちがどのように変わったのか、気持ちが変わったきっかけは何だったのか、これからどうしたいのかを聴き、それを今後どのように進めていくのかを当事者と一緒に考えていくことになります。場合によっては、この話を聴く時点で、もう一度話し合う必要がなくなってしまう場合もあるでしょう。もう一度話し合う必要がある場合には、相手方にどのように今後の話を進めていくのかを当事者と確認していきます。

　一方で、当事者にとって約束したことはきちんと守ってほしいと思っているのも事実ですので、メディエーターは双方が揃った時点で、実行に移すに当たって、不安な点はないか等をしっかり確認する必要があることは言うまでもありません。

A: 安藤信明

　合意に至るプロセスに問題は無かったのかを検証する必要がある

でしょう。結論を押し付ける雰囲気は本当に無かったのかなどの振り返りが今後のメディエーションの質に大きな影響を与えると思いますので、機関のなかでの検証の機会を作るべきではないでしょうか。

Q: 合意事項の履行がなされなかったときはどのような方法が考えられますか？

A: 田中圭子

前のQとも重複しますが、実行されなかった背景を今一度当事者からお話しいただいて、これから、どうするのか、どうしたいのかを一緒に考えていく必要があります。

時には話合いの場では、言い出しにくい状況があり実行できなかったのかもしれません。あるいは、状況が変わって実行されなかったのかもしれません。それをもう一度話して、どうしたいのかをお互いに決めていくというのがメディエーションです。

実行されないことが何回も続くような場合は、今度は確実に実行できるようにしたいと希望する当事者もいるでしょう。そのような場合は、裁判所の調停や、公正証書の作成、即決和解など、別の方法をご紹介することも考えられます。

A: 安藤信明

再度、なぜ履行できなかったのか、何か事情が変わったのかなどを確認することができればいいと思います。しかし、通常、メディエーション機関が履行の督促などをする立場にはなく、機関としてどこまでするのか、できるのかもメディエーターとして確認をしておく必要があります。

もちろん、両当事者が再度の話合いをしたいということであれば、それは問題ありません。

Q: 当事者が感情的に高ぶり、調停室で泣き出したり、怒り出したり

したとき、どのように対応すればよいですか？

A: 田中圭子

　まずはそういった状況を、一度受け止めるということを私は大事にしています。メディエーターにとって涙や怒りは、どの様に対応すればよいのか、混乱する場面です。まず、メディエーターである自分自身を冷静に見つめ直すことを心がけましょう。自分はなぜこの場面に戸惑っているのかということを考えると、意外と自分自身の問題であることもあります。メディエーターが焦って、怒りを無理に静めようと「落ち着いてお話ししましょう」と説得しても、火に油を注ぐことになることもあります。また涙を止める事は、たやすいことではないにもかかわらず、共感ではなく同情の言葉をかけることで、余計に感情を高めてしまうこともあります。メディエーターである自分自身を見つめ直し、その後は当事者のペースに任せて、今起こっている状況をしっかりと受け止めながら映し出すことを私はまずしています。何をすれば良いという正解はなく、その方、一人ひとりの状況を受け止めながら、一緒に先を考えていくことを心がけるようにしています。ただし、暴力をふるうなど、危険を伴う場合は、速やかに適切な対応をとる必要があります。

A: 安藤信明

　まずは、メディエーターが落ち着くことでしょう。感情が高ぶることは悪いことではありませんから、慌てる必要はないのですが、つい「何とかしなくちゃ」と思い、慌ててしまいます。しかし、そういう場面が得意な人は少ないと思います。自分はどんなことをすれば（例えば深呼吸とか）落ち着くことができるのか、その方法をいくつか知っていると役立つかもしれません。

Q: 当事者を目の前にして、双方の代理人同士が口論を始めました。メディエーターとしてどうすればよいでしょう？

A: 田中圭子

Q&A　　129

メディエーターの役割をまず考えましょう。こちらはモデルによって異なることもありますが、メディエーションの主体は当事者の方たちであることを、メディエーターとしてもう一度、思い出しましょう。私は当事者同士を目の前にして代理人同士が口論をしている時の当事者の状況をそのまま映し出すようにしています。例えば、「○○弁護士、依頼人の××さんが当惑されている表情をされているように私からは見えますが、今後この場をどのようにされますか？」あるいは「○○先生が声を上げてくださって、Xさんは安心された顔をされているように私には見えます。一方でYさんはとても困っていらっしゃるようですが、今後どのようにしましょうか」というイメージです。代理人のプライドを傷つけないようにするがために、当事者をないがしろにすることは、まず避けるべきということ思います。反面、メディエーターとして、時には代理人同士の間に入るメディエーターになるべき時もあることも役割の1つとして考えうる必要があると思います。

A: 安藤信明

　主張の対立によるけんかと問題の本質とは関係ないことでのけんかでは違うような気もします。主張の対立であれば、当事者のための行為ですから、きちんと受け止め、整理することが必要ですが、感情的な問題であったりした場合は、休憩して頭を冷してもらうのもいいかもしれません。問題は、それがその後のメディエーションにどう影響するかということです。当事者にはどんな影響があるのかを気にする必要があります。

　メディエーターとしては、当事者のケアを考えればいいと思います。

Q: メディエーターがふたりのケースで、当事者を目の前にして、代理人と自分以外のメディエーター（Co-mediator）が口論を始めてしまいました。どうしたらよいでしょう？

A: 田中圭子

　メディエーター同士の連携や協力が何かの機会に崩れるということが起こります。その際は、まずはメディエーター同士の役割を再確認する必要があります。紛争の両者にとってメディエーターのふたりはコミュニケーションのモデルでもあります。ですから、そのふたりの関係が崩れることは、メディエーションの場に多大な影響をもたらします。Co-mediator の肩を持つことも、敵対することも役割ではありません。Co-mediator と代理人の間でメディエーターとしての役割を果たすことを考えていくことが必要です。

A: 安藤信明

　当事者の様子をよく観察しましょう。うんざりしているか助けを求めているようなら、すぐに止めますが、興味を持って聞いているようなら、そのままにしておくのもいいかもしれません。メディエーション終了後に、Co-mediator とのミーティングが必要ですね。

Q: 当事者に罵声を浴びせられショックを受けました。どうしたらよいですか？

A: 田中圭子

　当事者が感情的になったとき、振り上げた拳をおろす時、当事者の方がメディエーターに感情のはけ口を持っていくことがあります。また、当事者の方が防御反応として、あるいは面子を守るためにメディエーターに罵声をあびせることもあります。一方で、メディエーターの信頼が失われた時も同様のことが起こります。メディエーターにとってショックであることは間違いありませんが、メディエーションの場ではメディエーターとしての役割を果たすことがまず必要です。Co-mediator の協力を得ながら、まずは進行を目指し、タイミングを見計らって一度、少しでも休憩を取ることがあります。インターバルを設け、その間に Co-mediator あるいは組織の担当者を呼び、今後の方法を考えましょう。メディエーターのケアや、今

後の組織としての対応についてはメディエーター自身へのフォローアップ（＝スーパービジョン〔田中圭子『聴く力　伝える技術』〔日本加除出版・2012〕148-159頁参照〕）が必要になります。当事者とメディエーターの相性というのも否定できません。その際はメディエーターの交代なども視野に入れながら、当事者の方とメディエーターが今後どのような方法をとったらよいのかを、組織の管理者などを中心に一緒に考えていく必要があります。

A: 安藤信明

　次のメディエーションに影響を与えるほどのショックかにもよりますが、そうでなければ、自分でできる範囲のケアをしていく必要があるでしょう。紛争の場に立ち会うわけですから、それだけでもかなりのストレスを感じます。自分に対して言われた言葉でなくても聞いてしまえば、ショックを受けることもあるでしょう。自分なりのストレス解消法ではありませんが、メンタルヘルスのケア方法を持つこともメディエーターの職務の一部ではないでしょうか。

Q: 期日間に当事者から電話があり、次回話合いに出たくないと言われました。どうしたらよいでしょう。

A: 田中圭子

　話合いに出たくない事情についてまず伺いましょう。その前に経験した話合いに不満があるのであれば、それを改善する方法を一緒に考えていくこともできますし、あるいは期日間に両者で話がついたという場合は、メディエーションを終了することになります。一方で１度話合いをしてみて、自分が希望する方法がメディエーションではなかったと気がつく場合もあります。その場合はそういう考えに至った背景などを聴きながら、その決定を尊重し、その別の方法とメディエーションができることと、できないことをまとめながら話を整理し、将来的にメディエーションが必要になった時にはいつでもできることをお伝えし終了します。

A: 安藤信明

　まず、期日以外で当事者の一方とメディエーターが話すことをどのようにとらえるかを考える必要があります。取下げなり離脱なりの意思表示だけであれば、それはメディエーターの役目でもあると思いますが、そのときに事案の内容に踏み込んだ話をすることをどこまで認めるかということです。

　結局は、なぜそのように言っているのかということになるのでしょうが、相手方もいることですので、慎重な対応が求められます。

Q: 当事者の家族に、今までの記録を見せて欲しいと言われました。メディエーション機関あるいはメディエーターとしてどのように対応すればよいですか？

A: 田中圭子

　まずは、両当事者に、家族に見せてよいのか確認を取ることが必要になります。メディエーションでどのように記録をとるか、記録の取扱いなどについては、所属する組織によって規定が異なります。見たいというご家族の気持ちは大切にしつつ、メディエーションの主役は参加している当事者であることを、説明することが必要です。

A: 安藤信明

　機関の規則によりますが、基本的には両当事者の了解があったときのみ開示してもいいと思われます。メディエーションの特色の1つは、非公開であることです。この非公開の意味を考えて対応することが重要です。

Q: 期日間に当事者の家族から電話があり、次の話合いに参加したいと言われました。どうすればよいですか？

A: 田中圭子

　今までの話合いに参加していた当事者に、新たに参加者が増えることについて同意を得る必要があります。参加者全員から同意を得

られたら、次回の話合いから参加していただきます。新しい参加者が加わった場合の話合いの始め方は理論によって異なることになります。

　また同意が得られなかった時は、次回の話合いの中で、参加の希望があったこと、そして同意が得られなかったことを伝え、今後どのようにするかを考えていくことになります。話合いの議題にどのようにのせていくかは、理論によって異なることになります。

A: 安藤信明

　具体的にどうするかは、機関の規則によりますが、当事者全員の同意があれば、参加することは差し支えないと思います。その場合、これまでの記録を開示するかや、どういった立場での参加なのかなど、確認しておくべきことがいくつかあります。

Q: 話合いの席で当事者がけんかを始めたような場合、そのときメディエーターはどう対応するのですか？

A: 田中圭子

　これも理論によって方法が異なります。

　対話促進-問題解決モデル（ファシリテーティブ・モデル）では、こういった状況がある場合のリスクを初めにグランドルールとして、メディエーター側から提示することで回避するところがあります。つまり、お互いに誹謗中傷はしない、お互いに話している間は次の順番まで待つといった具合です。メディエーターは「最初にお約束したとおり、お互いに誹謗中傷しないで話合いを進めませんか」と最初に両当事者が約束したということを出しながら、話合いの場をコントロールしていくことになります。当事者が自分たちで約束したことを守ろうとする決心を大切にしながら、そこを前面に出していく方法です。

　一方、認知変容-自己決定モデル（トランスフォーマティブ・モデル）ではメディエーターは対話のプロセスを管理しませんので、最初にグ

ランドルールをメディエーターから提示することはありません。「これからお話合いを進めるに当たり、何か決めておきたいことはありますか？」というように話合いの進め方も当事者に任せていくことになります。ここで出てきたことはお互いそれをルールとして決めていくと合意すればルールになります。そして、けんかを始めたような場合しばらく様子を見て、メディエーターから「お互いにお気持ちや新たなご事情が出てきたり、そのお気持ちを抑えるのが難しい状況も生まれてきているように、私には見えますが、お話し合いを進めるに当たり、何か他に決めておく必要はありますか？　私たちにできることはなんでしょうか？」といった問いかけをすることで、当事者自身が今置かれた状況を把握し、どうすれば良いのかを当事者自身が決心していく場を作っていくことになります。もちろん、暴力的な行為はその場で止める必要があります。また言葉や態度の暴力を片方の当事者が感じているような場合、その時の状況を正確に映し出し、ではどうしていくのかを当事者自身に考えていただくような機会を作っていく必要があります。

　特に認知変容-自己決定モデル（トランスフォーマティブ・モデル）を進めていく場合、こういう投げかけをしても日本人は答えないのではないかと思う方も多いでしょう。私の経験から、確かにその傾向はありますが、それは一概に海外だから活発に意見が出るということは言えず、わが国で行った場合でも、想像以上にいろいろな意見が出てきます。メディエーターが対話プロセスを管理する前に、まずその状況を正確に映し出し、当事者を信頼して任せるという機会を作っても遅くないと私自身は思っています。

A: 安藤信明

　けんかと言っても、口論であれば、ある程度そのままにして様子をみて、立っていれば座ることを促したり、元の場所に戻ることをお願いすると思います。暴力は絶対にいけませんので、その危険がある場合はすぐに止めることになるでしょう。自分で対応できない

場合は、誰かを呼ぶことも必要でしょう。絶えず、そういった危険があることを念頭にいれた体制をとることが重要です。

Q: 相手方がメディエーションでなく裁判をしたいと言っています。どうしたらよいですか？
A: 田中圭子

　「裁判はお金も、時間もかかる。できるならメディエーションで解決したほうがよい」と説得するのも1つの方法でしょう。あるいは、自分が考えているメディエーションの良いと思うところを伝えながら、なるべくメディエーションにしてもらうようセールスするというのも1つの考えかもしれません。

　しかし、メディエーションをするのも、裁判をするのも決定するのは、当事者であり、メディエーションはあくまでも選択肢の1つであるということを私はいつも心がけています。

　一方で、代理人が裁判だと意気込んでいる時、あるいは本人が裁判のイメージというものをあまり考えていないようだなと感じる時は、その場の状況を示しながら、本人の意思を確認することは必要だと思います。

　例えば代理人が当事者を目の前に裁判しかないと言っている場合、代理人にその背景や事情をもう少し詳しくお話しいただくとともに、当事者には代理人の話を聞いてどう思っているのか、心配な点はないかなどを伺うことがあります。つまり代理人と当事者の間のメディエーターになる役割が必要になってくるのです。

　また、代理人がいない当事者が、裁判をしたいといっている場合も、同様に、どうして裁判しかないと思っているのか、裁判にどのようなイメージを持っているのか、あるいはメディエーションの今後のイメージはどのようなものなのかを確認する必要があります。その時点で、本人が裁判をするということを決断するのであれば、それは、メディエーターとしてしっかりと受け入れ、そこで自分た

ちができるサポートは何かなども含めメディエーションを終了する方法について考えていくことになります。裁判でどの点を争っていくのか、そして裁判の論点として挙げられないものをどのようにしていくつもりなのかなどを、両当事者で考える時間をもつことも必要になります。

　当事者が裁判にしたい、と言い出したら、「はい、そうですか」とその場でパッと打ち切るわけでもなく、無理にメディエーションに引き止めるわけでもなく、当事者の決定の背景を確認する作業が必要になります。

A: 安藤信明

　その方の裁判についての理解とメディエーションに関する理解を確認してみてはいかがでしょう。何となくイメージだけで裁判がいいと思っている場合もありますが、裁判に勝つこととその権利を実現することは別だということや裁判ではどんなことが起こるか（どんなに自分が攻撃されるかなど）について考えていないこともあります。

　裁判とメディエーションでは、求めているものが違うので、その方のニーズを確認すれば、おのずと答えは出ると思われます。

第3章

調停・メディエーションにおける代理人のあり方

第2章までは、メディエーションと調停との違いやメディエーションの理念さらにメディエーターとしての心構えや実践方法を見てきました。調停やメディエーションに関わる者として、調停委員やメディエーターの他に当事者の代理人という立場があります。この章では、調停やメディエーションに関わる代理人のあり方について考えてみます。

　司法統計によりますと、平成20年度では地方裁判所および簡易裁判所における民事調停の新受事件の総数が150,158件のうち、申立人に16,859件、相手方に8,732件が代理人選任事件です。これが平成25年度では、同総数が47,589件のうち、申立人に14,444件、相手方に9,753件が代理人選任事件となっており、特定調停の減少により総数は大きく減少していますが、代理人が選任されているケースに大きな減少はなく、代理人選任の率は高くなっています。また、平成20年度の家事調停の新受事件総数は176,870件であり、このうち遺産分割事件の代理人選任件数は、6,248件でしたが、平成25年度では同総数が193,506件で、遺産分割事件の代理人選任件数は、8,381件となっています。このように、調停に代理人が選任されるケースは増加しており、今後も増加することが予想されますが、「調停における代理人のあり方」に関しては、これまであまり議論されてこなかったのではないでしょうか。

　調停の場合、代理人の姿勢が、調停委員以上に調停の結果を左右する場合もあります。代理人になる弁護士や司法書士も、訴訟代理人としての研修は受けていますが、訴訟とは目的が異なる調停での代理人としての考え方やノウハウは持ち合わせないことが多いからだと思われます。

　では、調停の代理人としての考え方やノウハウとはどんなものでしょうか。まず、調停の代理人について考える上では、まず調停の目的についてもっとよく知ることが必要でしょう。

　調停の目的は、当事者が主体的に解決策を探し、実情に即した解

決を図ることです。調停委員は、この目的を意識して話合いを進行し、当事者が解決に向かうための努力をしますが、当事者のより近くにいる代理人がこれと異なる動きをしたのでは、当事者は混乱し解決策を探すどころではなくなってしまいます。調停が対立を深める場にならないよう、調停委員も代理人も同じ目的に向かっているという共通意識が必要になります。

　さらに、調停ではなくメディエーションの代理人とはどのようなものなのでしょうか。調停の代理人との違いはあるのでしょうか。
　わが国にもメディエーションが紹介され、いくつかの論点について議論された中に、代理人の件も含まれていたように思います。そのときは、メディエーションには代理人は必要ない、不要であるという意見も多くありました。これは、メディエーションは、調停よりもさらに自由度が高く当事者の主体性を重要だと考えているからだと思います。
　本章で検討する代理人は、法的権利ばかりに拘泥せず、当事者の主体性を阻害せずに自己決定を支援する代理人をイメージしています。このような代理人であれば、メディエーションには代理人は要らないという議論にはならず、かえって代理人がいた方が当事者の利益になると思います。
　では、調停の代理人やメディエーションの代理人について、いくつかのケースを交え検討してみたいと思います。

● 1 ● 訴訟、調停、メディエーションの代理人の役割の違い

① 訴訟の代理人

　訴訟の場とは、何があったのかという過去の事実を認定して、その事実に法律を適用し、第三者である裁判官が公平な立場から判断をする場だと言えます。
　訴訟では、当事者やその代理人は、それぞれの主張を裁判官（所

訴訟の代理人

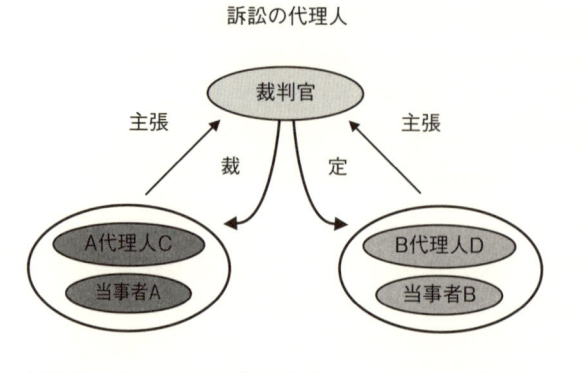

```
              裁判官
         ↗         ↖
      主張            主張
       裁定
    ↙         ↘
  A代理人C      B代理人D
  当事者A       当事者B
```

に訴えます。裁判そのものの場では当事者（代理人）間の対話はないのが通常です。その訴えについて証拠等に基づき裁判官が判断することで紛争を解決しようとするものです。代理人の役割は、依頼者に有利な証拠を集め、法的な根拠に基づく権利の主張をするということが典型的なものです。

　また、訴訟になれば、依頼者の利益のみを考えますので、少なくとも「勝つ」「負ける」といったことを意識せざるを得ません。そのため、代理人としての方向性は、次のようになりますし、限界もあります。

　＜方向性＞
　　○相手方を敵対者としてし、相手方の事情や背景にはあえて関心を示さない。
　　○依頼者の立場や要求を弁護し、情報は戦略的に使おうとする。
　　○対立の構造を作り、問題を固定化して考える。
　　○論点を絞り、他の論点については検討の対象としない。
　　○依頼者により有利な成果を得ようとする。
　＜限界＞
　　○建設的な解決の可能性が限られる。
　　○対立点をあえて鮮明にする。
　　○総合的な解決よりも限定された問題の解決となる。
　　○当事者の関係性が破壊される。

　論点を絞り、相手方とは敵対的な関係をつくるので、対立が先鋭

化する傾向になります。また、相手方の利益などはあえて考えず、情報を戦略的に使うので、相手方との信頼関係などが弱くなるのが普通です。

　また、そのような結果、解決の選択肢は限定的なものとなり、特定の問題だけは解決するかもしれませんが、その他の問題はそのままということも起こります。さらに、相手方との関係性は破壊されます。

　② **調停の代理人**

調停の代理人

```
              調停委員会
      主張  ↗        ↖  主張
         ↓ 支援      支援 ↓
            聴取      聴取
   ┌─────────┐        ┌─────────┐
   │ 当事者A  │        │ 当事者B  │
   │         │ → 合意 ← │         │
   │ A代理人C │        │ B代理人D │
   └─────────┘        └─────────┘
```

　では、調停の場で、代理人はどんなことを行うのでしょうか。

　裁判所の調停では、調停後に訴訟に移行した場合のことも考慮に入れ、もしかすると訴訟の代理人と同じイメージで代理人の役割をとらえることもあるのかもしれません。審判や訴訟になったときのことを考えると、あまり相手方に情報を与えたくない、本音を知られたくない、弱みをさらしたくないなどの気持ちが働き、情報を出さず、論点を広げず、訴訟の代理人的な対応をした方がよいと考える代理人も多いでしょう。

　しかし、少なくとも申立ての段階で、調停の意義や当事者にとっての調停の意味づけを代理人と依頼者で十分な共有を図らないまま調停を申し立て、調停開始直後に「訴訟で決着をつけたいので不調にしてください」という代理人など、最近では、調停における代理人の役割についての考え方[1]などについて議論され始めています。

1　訴訟、調停、メディエーションの代理人の役割の違い

もちろん、調停前置の制度があり、当事者は必ずしも調停を望まないのに調停になっているケースもあるのは事実でしょう。その場合も、調停前置の制度の趣旨を考えると、やはりそこでは、しっかりと当事者同士が理解し合おうと思える場を作っていくことに意義があるといってよいでしょう。

　民事調停法第1条には、「この法律は、民事に関する紛争につき、当事者の互譲により、条理にかない実情に即した解決方法を図ることを目的とする」とあります。しかし、民事調停法には、事実の調査や証拠調べについての規定もあるので、民事調停は、「事実」を前提にした上での「互譲」であり「条理にかない実情に即した解決」を目的としていると考えられます。家事事件手続法には特に規定がありませんが、調停の趣旨としては民事調停と同様と考えていいと思われます。

　ここで問題なのは、「事実」とは何かということでしょう。その場で起こったことというのは1つですが、見る人によって捉え方、感じ方が違いますので、それぞれに「事実」があることになります。訴訟では、それを客観的な証拠や証言をもとに1つの事実を認定します。また、何を重要なこととするかも人それぞれに考え方が異なり、専門的な知見をもった調停委員だからといって、すべて理解できるわけではありません。ましてや多様性の時代、ある特定の人の知識や経験がすべてに共通する時代ではなくなってきています。

　つまり、調停では、事実が何であったか、または何が重要なことなのかということよりも、なぜ、当事者がそれを事実だと感じているのか、なぜそれを重要なことだと考えているのかということを考えるべきだということです。しかし、当事者自身が、何が重要なのかを理解できていない場合もあります。自分では見えていないから

---

1 「調停委員会によるはたらきかけの充実」ケース研究318号P61（H26年2月）「家事審判法から「家事事件手続法」へ」LIBRA Vol.12 NO.12（2012年12月）

こそ、当事者が自分自身で考えながら話し合うことが大切で、そのことにより、今まで見えていなかった相手方の「事実」や「大切なこと」が見えてきたり、相手方の心情が理解できたりするようになるのだと思います。そして、本来は当事者同士が直接対話することで最も効果が得られるのではないかと思います。基本的に別席で実施する裁判所の調停ですので、あるいは当事者が相手と会いたくないと強く希望している場合は、調停委員ばかりでなく、代理人に対しても、当事者間の理解を促進するような「通訳」の役割が期待されるところなのです。調停では、当事者の合意を目指すので、別席、同席等の形は別にしてお互いを理解するためにも、当事者の力の回復と対話が必要です。そのため、調停の代理人には、当事者の力の回復についての意味や理論を理解し、それを支援する方法として対話促進の技能が必要なのです。現在の裁判所では、民事調停、家事調停を問わず、当事者同士が直接顔を合わさない別席調停が主流ですが、別席だからこそ別のものに見えているお互いを理解しあおうとすることを支援する対話促進の考え方や技能が意味を持つのです。

　例えば、相手方の真意は何かを考える。こちらの意見が相手方に伝わりやすいように話す。このような最低限のこともせずに、一方的に自分の主張ばかりしたり、相手の攻撃ばかりするのは「調停の代理人」とは言えないでしょう。

　また、これは訴訟の代理人にも共通する部分があるのでしょうが、自分の依頼者の周囲の人間との関係を調整することも必要です。世の中の紛争は、表面的な当事者だけの紛争ではないものばかりです。ひとつの紛争は、当事者の家族、友人、職場など周囲の人へも大きな影響を与えています。ということは、解決方法によっては、それら周囲の人に与える影響も変わる可能性があります。特に、調停は柔軟な解決ができるので、当事者以外の人への影響にも配慮する必要があるかもしれません。また、当事者の意思決定は、必ずしも当事者本人だけでしているわけではなく、周囲の人の意見や関係性な

ども大きな影響を与えていることを忘れてはいけないでしょう。意思決定の過程で、これらの影響に目を配り、当事者の意思決定を支援することが代理人の大きな役割です。

このように、調停の代理人は、調停を実施するのと同じようなコミュニケーション能力や感受性が必要ですが、そればかりでなく、事実の評価や法律の適用などについての能力も求められますので、対話促進のためのコミュニケーションに関するトレーニングばかりでなく、法律や判例の知識と法令の適用について研修も重要なのは言うまでもありません。

こうしてみると、訴訟の代理人と調停の代理人は別のものと言ってもいいような気がします。どちらかというと、調停の代理人の方が、様々な能力が要求されるようにも感じます。

③ メディエーションの代理人

メディエーションの代理人

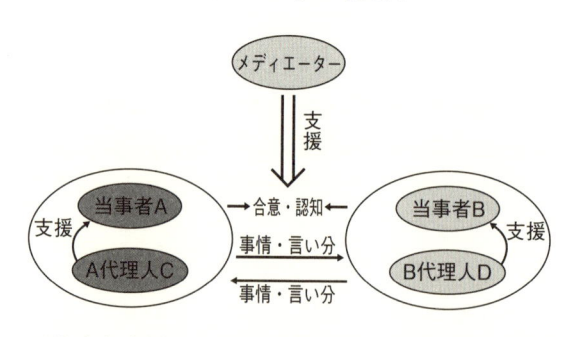

```
          メディエーター
               │
               │支援
               ▼
    ┌─────┐ ←合意・認知→ ┌─────┐
    │当事者A│               │当事者B│
 支援│     │  事情・言い分  │     │支援
    │A代理人C│              │B代理人D│
    └─────┘  事情・言い分  └─────┘
```

では、メディエーションの代理人についてはどうでしょうか。

まず、メディエーションの代理人は、依頼者が行う自己決定を支援するのが役割です。なぜなら、訴訟が、被害の回復や権利の主張の場であり、調停はそこに当事者による解決という方法を加えたもので、いずれにしろ紛争の解決自体が主眼になっていますが、メディエーションは、紛争の解決よりも紛争という悪循環からの当事者の回復やそのプロセスこそが重要であると考えて、そのプロセスの中で当事者同士が自分自身で答えを見つけ出すということを重視しているからです。

例えば、法律的視点から見れば、金銭の貸し借りの問題にしか見えないようなことでも、依頼者にとっては相手方との関係の修復や今後の関わり方が問題になっているのかもしれません。そうすると、依頼者が代理人に対して期待することは、必ずしも法律の専門家の役割でないのかもしれません。自己決定を支援するということは、精神的なサポートも必要になる場合もあります。メディエーションの代理人の第一歩は、いかに依頼者に寄り添い、共に考えていくかということです。
　対話促進-問題解決モデル（ファシリテーティブ・モデル）と認知変容-自己決定モデル（トランスフォーマティブ・モデル）に分けて考えてみます。

a）対話促進-問題解決モデル（ファシリテーティブ・モデル）のメディエーションの代理人

　まず、対話促進-問題解決モデルですが、これは、裁判所の調停と似ている部分もあるように思います。
　このタイプのメディエーションでは、メディエーターが話合いのステージを意識しながら、プロセスをコントロールして進めていきます。そのためにメディエーターは、当事者双方が本当に大切に思っていることを表明したり、両者が交渉できるような課題にスポットライトを当てたりながら話合いを進行しようと努めます。ですから、代理人の役割も、メディエーターと協力して、依頼者が本当に大切にしていることを語ることができる状況を作り、自らが交渉しやすい論点を提示することなのです。
　しかし、代理人には交渉しやすい論点が見えているからと言って、依頼者が言っていないことを先回りして発言してしまうことには問題があります。メディエーションを選択した依頼者の多くは、自身で解決を目指している方だと思われます。それなのに、代理人に先回りされてしまうことで、当事者の解決意欲が削がれ、解決の能力が発揮できない結果になるからです。そうなっては元も子もありま

せん。

　代理人としても、依頼者から本当のところを引き出すための傾聴、繰り返し、言い換え、質問などの技法そして何より忍耐力が、調停の代理人の場合よりもさらに必要なのです。

b）認知変容-自己決定モデル（トランスフォーマティブ・モデル）のメディエーションの代理人

　認知変容-自己決定モデルではどうでしょう。第2章で書いたように、このタイプのメディエーションでは、当事者のエンパワメントシフトとリコグニションシフトの支援を基本理念としています。メディエーターは、話合いのプロセスをコントロールすることはなく、プロセスも当事者の決定に委ねます。メディエーターの役割は、当事者の力の回復による自己決定を支援することです。

　ここで、代理人として考えなくてはいけないことは、代理人自身が対立的に相手を攻撃することを考えている限り、このタイプのメディエーションの代理人には不適当だということです。依頼者が、自分の中で、いかに対立と向き合い、そしてどのように当事者自身が回復していくかがこの理論の基本であることを忘れてはなりません。まずは、相手方のことより、当事者自身に気持ちを向けることが先決です。そのための支援をするのが代理人の役割です。代理人に求められるのは、依頼者の「鏡」になり、エンパワメントシフトの促進を支援し、リコグニションシフトが促進されるように支援することに尽きます。そして、このような支援をするには、メディエーターと同様に強い忍耐力が必要になります。

　また、このタイプのメディエーションの代理人の特徴としては、話合いの途中で、依頼者が十分に回復し自己決定が可能な状態になれば、代理人が席を立つこともあり得るということがあげられます。依頼者が十分に回復し自己決定が可能な状態になれば、その時点で、ひとまず代理人の役割は終了したと考えてもいいからです。

　裁判官や調停委員、メディエーターといった第三者と代理人の関

係についてまとめてみると、訴訟代理人と裁判官は、明らかに異なる役割を持っており、裁判官と訴訟代理人が協力して紛争を解決するということはありません。しかし、調停委員と調停の代理人については、少し様子が違うように思います。調停委員は、調停の場で当事者の事情を聴くなどし、当事者の合意に向けて努力します。調停の代理人も、本来的には当事者の合意が大きなねらいでしょうから、調停委員ができない当事者への働きかけや相手方の考えの翻訳などをすることで、調停委員に協力することが求められます。

　メディエーションでは、お互いに理解し合おうとしていくのが基本的な姿勢です。メディエーターと代理人は、1つのチームとして当事者の回復を第1に考え、メディエーションの場を当事者の相互理解の場にしていくことが求められ、それぞれの発言や行動の意図と影響力を考え、次の行動を考えていくのが望ましい形です。

•2• メディエーションの代理と調停の代理

① メディエーションの代理人の特質

　どのモデルのメディエーションの場合であっても、代理人には共通する特質があるように思います。それは、本章の冒頭にも書いたように、当事者の主体性を阻害せずに、法的な権利ばかりを主張しない代理人であることが前提となるということです。

　メディエーションの代理人像は、それはメディエーターと重なる点が多く、役割も重なってくるということがご理解いただけるでしょう。メディエーターと役割が重なるのであれば、メディエーションの代理人はメディエーションの場に必要なのでしょうか。さらに、法的な権利の主張をしない代理人は法律の専門家である必要があるのでしょうか。これについては、いくつかの視点から見る必要があります。まず、法的な権利の主張の点から考えてみます。メディエーションの場では、法的な権利の主張をまったくしないということは

ありません。もちろん、法的な根拠のある主張はとても重要なことです。解決の方法が法的な思考だけに依らない、あるいは法的問題の解決の前に、話合いにより自分自身を回復したり、相互理解を深めたり、話合いの相互作用により相手方に対する認知を変えることが必要で、そのプロセスを行うのがメディエーションであるということです。

　最終的には、法的な問題が存在することがあることも多く、法律の専門家が代理人になる意味は大きいと思います。ただし、問題は、解決方法や考え方を押し付けるのではなく、紛争当事者の自己回復の支援、その上での関係性回復の支援をするのに必要なコミュニケーションのトレーニングを積んだ法律の専門家が多くないということです。

　しかし、法的な権利の主張もなく、コミュニケーションの回復や関係の修復のみが必要なケースの場合、代理人が必要なのかという疑問が湧いてきます。結論から言えば、代理人が必要なケースが多いと思います。紛争の当事者ですから、相手方と対峙することに不安があったり、精神的に不安定なときなどは、支援してくれる人が必要だと感じるでしょう。そんな状況のときに、信頼できる代理人が一緒にいてくれるだけでどれほど心強く感じることでしょう。

　また、メディエーションの場では、メディエーターの支援が得られますが、その場を一歩離れるとメディエーターの支援は得ることは難しくなります。メディエーションの場以外でも、依頼者の不安を取り除き、寄り添いながら回復を支援してくれる人の存在は大きいのではないでしょうか。

　メディエーションの代理人に顕著なように、代理人の役割は、必ずしも法律の解釈をしたり、相手方を攻撃する材料を探したり、法的な権利の主張をしたりすることだけではありません。さらにもう一歩進めて考えると、前述のような当事者に寄り添うのが役割の代理人であれば、必ずしも法律の専門家である必要はない場合もある

のかもしれません。

　もちろん、すべてのメディエーションのメディエーターも代理人も、法律の専門家である必要がないとは言えませんし、現時点では、普段、紛争解決に携わっている法律の専門家以外の人が、メディエーションに日常的に携わることが難しいのも事実です。しかし、裁判所の調停とメディエーションの役割分担が明確にされ、多くのメディエーション機関が設立されることを前提に考えると、今から法律の専門家に限らないメディエーターおよびメディエーションの代理人のトレーニングについても考えておく必要があるでしょう。

　さらに、メディエーションの代理人には、当事者の支援以前に大きな役割があります。それは、利用しようとするメディエーション機関やメディエーターに関する情報収集です。

　どのような理念に基づいて運営され、どのようなメディエーションを実施している機関なのか、メディエーターはどんなトレーニングを受けており、どんなバックグランドを持っている人なのかなどを調査し、依頼しようとする当事者や事件の内容にとって適当なのかを検討する必要があります。これは、裁判所の調停を利用する際との大きな違いです。

　法的問題を抱えた当事者にとって、メディエーションの代理人の役割は、依頼者が問題を解決するための支援をすることですので、メディエーターと敵対したり、訴えかけたりするのではなく、メディエーターと協力し、ときにはメディエーターに支援を求める姿勢が必要です。これは、メディエーターに対してだけでなく、相手方の代理人に対しても同様のことが言えるのではないでしょうか。

　② **メディエーションの考え方を調停の代理に取り入れること**

　ここまで本章を読まれて、自分はすでに、調停の代理人として、メディエーション的な考えを取り入れていると思われる方も多いでしょう。では、メディエーションの代理と、メディエーションの考えを取り入れた調停の代理とは同じなのでしょうか。

どちらも話合いが促進され、結果的に当事者の回復による自己決定の支援につながります。その部分ではほぼ同じであると言ってもいいでしょう。
　確かに、話合いの場自体での違いはあまりないようですが、それ以外の部分ではどうでしょう。
　それは、調停とメディエーションのシステムの違いにあると言ってもいいのですが、メディエーションには、話合いの前の段階と話合い後のフォローアップがあることは、調停と大きく違う部分です。メディエーションの代理人は、この部分にも関わる必要があります。
　当事者がメディエーションを選択する際には、メディエーションとは何を目的としているのか、自分は何をしなければならないのか、メディエーターは何をしてくれるのかなどを理解することが必要です。
　そして、メディエーションを利用することについて、相手方の了解を得る必要もあります。
　このようなメディエーションの申込み前の依頼者、相手方へのプロセスはメディエーションの代理ならではのものです。その前提としては、多くのメディエーション機関に関する情報が必要なことは言うまでもありません。
　また、話合い終了後のフォローアップも調停にはないメディエーションの特徴です。フォローアップは合意後の履行の状況の確認に限らず、メディエーション後の状況の確認などをすることで、当事者を支援するものです。
　そして、メディエーションの代理人の特徴は、メディエーターや相手方代理人との協力関係の構築でしょうか。調停の場で、メディエーションの考えを取り入れても、調停委員や相手方の代理人と協力関係を作ることは難しいでしょう。
　メディエーターは、「メディエーションの場」全体を作ることで、当事者を支援しています。メディエーションの代理人も、メディエー

ターと共に「メディエーションの場」作りをすることも大事な役割になります。その場合には、メディエーターや相手方代理人との協力関係も必要となってきます。

そのような協力関係ができると、不思議なことに、場全体が1つになり、話合いが展開する場合がでてきます。これは、その場で起こっているお互いの影響力によるもので、この影響力こそが、同席でメディエーションが行われる最大の意義なのです。

本来であれば、このような事前準備やフォローアップ、協力関係の構築は、メディエーションの代理に限ったことではなく、調停の代理でも、あるいは訴訟の代理においても必要な部分もあると言えるでしょう。

●3● 調停の代理に関する事例を考える

ケース1　「建物の賃貸借終了に伴う敷金の返還に関する紛争」
＜事例の概略＞

　Aさんは、その所有するマンションをBさんに月額20万円で賃貸していた。Bさんは、入居時に敷金として家賃の3か月分60万円をAさんに支払っている。

　6月末日をもって、Bさんは当該マンションを退去した。後日、Aさんから原状回復費用の精算書が送られてきて、返還すべき敷金はないとの記載があった。原状回復の費用に60万円もかかるわけは無いと思ったBさんは、Aさんに電話で理由を聞いたが、それだけかかったとしか言わないので、BさんはX弁護士に相談して内容証明郵便を出したが、何の反応もないため、X弁護士を代理人として民事調停の申立てをした。

　内容証明郵便が送られてきた段階で、マンション仲介業者にY弁護士を紹介してもらっていたので、調停はY弁護士を代理人とした。

＜代理人が法律的な権利主張を中心にした場合＞

　第1回の調停期日では、X弁護士は、国土交通省のガイドラインや賃貸借契約書の内容に照らしても、敷金は全額返還すべきものであるので、60万円の返還を主張した。一方、Y弁護士も、賃貸借契約書の特約事項の記載は有効であると主張し、原状回復の費用は賃借人の負担に帰すべきであるから返還すべき金員は無いと主張した。

　X弁護士は、損耗は通常の使用によるものであり、借主（Bさん）がその費用を負担する義務は無いと主張し、Y弁護士は、借主（Bさん）の善管注意義務違反があるので、修繕の費用を借主（Bさん）が負担すべきであるとした。

　調停委員の提案もあり、修繕箇所について業者の領収書と突き合わせて検討し、損耗が通常の使用によるものかどうかを個別に検討して原状回復費用を算定することになった。

＜代理人がメディエーションの考え方を取り入れた場合＞

　第1回の調停期日では、X弁護士は、国土交通省のガイドラインや賃貸借契約書の内容に照らしても、敷金は全額返還すべきものであるので、60万円の返還を主張した。一方、Y弁護士も、賃貸借契約書の特約事項の記載は有効であると主張し、原状回復の費用は賃借人の負担に帰すべきであるから返還すべき金員は無いと主張した。

　調停申立ての前にBさんと面談した際に、Bさんが通常の同じようなケースの依頼者に比べ、異常にAさんの悪口を言うので、何かあるのかなと感じていたX弁護士は、Bさんにさらに詳細な状況について事情を聴いた。Bさんは最初言いにくそうであったが、60万円全額が返還されなくても仕方ないとは思っていたが、全く返らないのは納得できないことの他に、最初のAさんとのやり取りのなかで、Aさんが「そんなの余るわけ無いだろ。常識だよ、常識。」とバカにされたように言われたことに腹を立て、再三にわたり、嫌がらせのように電話をしたことを話した。

一方、Y弁護士もAさんが少しなら返してもいいという趣旨のことを言っていたが、その理由が不明なため、ひとまず全く返還しない旨の主張をしたが、Aさんの真意を確認するため、さらに事情を聴いたところ、Aさんは、Bさんの嫌がらせに立腹し、意地になって再度の計算などをしなかったことや前からこのリフォーム業者の請求は高いと感じていたが、仲介業者の紹介でもあり、自分の懐が痛むわけでもないのでそのままにしていたことなどを話した。
　X弁護士とY弁護士は、それぞれの依頼者に了解を得た上で、連絡を取り、次回期日には、それぞれ本人も同行することとした。
　次回期日では、Bさんから嫌がらせのような対応について謝罪したい旨の申し出があり、Aさんからも意地になって業者と交渉しなかったことを詫び、リフォーム業者と交渉して今回の費用を減額し減額分を返還したい旨の申し出があった。
　その後、Aさんはリフォーム業者と交渉して減額したので、その金額をBさんに返還する合意が成立して調停は終了した。

ケース2　「離婚に伴う紛争」
＜事例の概略＞
　A（夫）とB（妻）は同じ大学の医学部を卒業し、それぞれが他の病院で経験を積んだ後、Aの父が医師を引退するのを機に、建築費用を共同出資して病院を建て直した。
　クリニックは大型マンションの目の前という立地であることと、Bの人当たりのよい人柄と土日や夜遅くまで営業していることが効をなし地域でも指折りのクリニックになった。
　一方、Aは、口下手な性格と研究肌の人柄で新しい薬や機器の情報などでクリニックに貢献しているものの、クリニックの患者は人当たりのよいBを指名することが多く、Bが自分ばかり忙しいと不満をもらし、それがAにとってはストレスとなっている。
　もともとアルコール好きだったAが日増しにアルコールの量が

増えたこと、仕事の分量が違うこと、Ａが自分の仕事を終えると、夕方から外に出かけることでふたりの間で会話はほとんどなくなり、家庭内別居状態が続いた。ＢはＡとの生活に耐え切れなくなり、3年前に近所にアパートを借りて息子（18歳）を連れて別居している。

息子は現在医学部を目指し受験勉強中だが、Ｂには収入もあるので、Ａと離婚して息子と暮らすことを希望している

Ａには、Ｂがなぜ今になって離婚をしたいのかが理解できない。また、クリニックの経営にＢは必要不可欠であり離婚には応じられない。

＜代理人が法律的な権利主張を中心にした場合＞

Ｂ代理人のＸ弁護士は夫のアルコール依存を離婚事由に挙げ、離婚調停を申し立てた。また、すでに別居して3年が経過しており、夫婦関係は事実上破綻しているとして、離婚は成立すると主張した。Ｂがクリニックに長年貢献してきたことに伴う財産分与の増額、そして夫の妻への態度はDVにも当たるとして慰謝料および子どもの医学部入学を見越した養育費を請求した。Ｂはきちんと別れるためには、クリニックを分離したほうがよいのか悩んでいる。

一方、ＡはＢとの離婚は考えられないので、代理人も付けていない。「妻との離婚は考えられない。子どもと一緒の生活に戻りたい」との主張を繰り返している。将来的には、長男にクリニックを譲りたいと思っている。そのためにも離婚はしたくないと主張している。

Ｂの代理人のＸは、離婚事由があることを主張し、もし話合いがつかなければ裁判をしてでも離婚すべきであるとＢにアドバイスしている。ただし、今離婚に応じてくれれば、慰謝料は請求しない方法もあるのではないかなど、あくまでも離婚することを目的に話を進めている。また、クリニックの分離については、Ｂの意向を確認しつつ、民事調停などを利用しながら明確に分けられるようにアドバイスをしている。

離婚することについてのAとBの考えはまったく異なっており、調停において合意には至らず、調停は不調になり、その後、Aのアルコール依存などを離婚事由とした訴訟に移行した。

＜代理人がメディエーションの考え方を取り入れた場合＞
　B代理人X弁護士はまず、Bの離婚の意思を確認した。Bは当初Aのアルコール癖などを主に主張していて、深酒をしたときの言動のひどさなどを主張していた。しかし、時々見せるクリニックを守ってきたのは自分である、あるいはクリニックが軌道にのるまでは大変だったなどの話の裏に見え隠れするものが気になっていた。数回面会を重ねる中で、クリニックを軌道にのせるまでBの両親から出資金以外の借金をしていたにもかかわらず、A本人、あるいはAの両親（父親は元医師）からも感謝の言葉もなく、むしろ「クリニックが成り立っているのはAの父の患者を引き継いでいるからだ」といった言葉が出てきたことにBは切なさや怒りを感じていることが見えてきた。また代理人としてはBが離婚を申し出たものの、離婚して今後の生活をどうするかなどに本当は迷いがあるようなところが見えた。代理人としてAと連絡してもAはXとの話合いには応じず、調停期日を迎えた。
　第1回調停期日を向かえ、まずBがどうしてAと別居したかをBから直接語ってもらうことにし、その中でAが話し足りない今までの経緯などは、「その時Bさんはどういうふうにクリニックを切り盛りしていたのか話してみましょうか？」などとBの思いを調停の場で語ることができるように支援をしていった。
　期日を重ねる中で代理人はBが今後どのようにしたいのか、また生活設計などを一緒にして、Bが意思決定できるような材料を一緒に集めた。
　第3回期日でAは、Bが今までクリニックを支えてきてくれてことに感謝している言葉を語りだした。BがAのアルコールのことを

口にすることは徐々に少なくなり、一方でBはAから感謝の言葉をもらったことはありがたいと述べ始めた。しかし、これからは自分の人生を歩んでいきたいことを明確に述べるようになり、生活設計の収支プランなども調停委員に示した上で、希望する養育費など経済的条件を提示した。

　Aは離婚に伴いクリニックが分離してしまうことを懸念していたが、調停を通し、Bが自分のクリニックを経営したいという決心が固いことを徐々に理解しはじめた。また、息子は医学部の合格圏内にいることを聞き少し安心した。

　第4回期日においてお互いに離婚に合意し、その後、財産分与、養育費など経済的条件の話合いをすることにした。

ケース3　「相続に関する紛争」
＜事例の概要＞

　Aが3か月前に死亡した。Aの妻はすでに亡くなっており、長男B（70歳）と長女C（68歳）が相続人となった。相続財産は、預貯金（2,500万円）の他、Cが居住用に使用している土地・建物（評価4,000万円）である。

　遺言は残されておらず、BとCとの協議で遺産分割をすることになったが、BはCが居住用に使っている土地・建物も売却し、預貯金と合わせて総額の2分の1を相続したいと希望し、Cは土地・建物を売却することに同意しない。

　Cは、両親とこれまで同居して生活しており、Aを長年介護してきたことへの評価を相続分に反映して欲しいと主張しているが、Bが協議に応じないので、Y弁護士を代理人に選任し調停の申立てをすることにした。一方、BもX弁護士を代理人として選任し対応することとした。

＜代理人が法律的な権利主張を中心にした場合＞

　Y弁護士は、CのAに対する長年の介護に1,500万円の寄与分を認め、その相続分を4,000万円として、Cが土地・建物を相続することを主張した。一方、X弁護士は、介護したと言ってもホームヘルパーなども利用しており、Cがひとりですべて行ったわけではないので、寄与分は認めるとしても、1,500万円は高額過ぎるとし、せいぜい700万円程度が上限であると反論した。

　Y弁護士、X弁護士ともにその金額となる根拠、計算方法を説明したが、それぞれが主張する金額に歩み寄りがないので、調停委員が、Cが土地・建物を相続する代わりに代償としてBに支払うことができる金額についてY弁護士に確認したところ、Cにはその用意はないと答えたため調停は不成立となり、審判に移行し、解決までさらに数か月を要した。

＜代理人がメディエーションの考え方を取り入れた場合＞

　Y弁護士は、Cと面談を続ける中で、Aの葬儀の際にBから、「おやじが死んだのは、独身で家にずっといるのに、お前がきちんと面倒をみなかったからだ。お前の責任だぞ」と親族の前でひどくののしられたことに強い怒りを覚えていることを感じた。さらにCは、常にBが「俺が長男だ。自分の言うことを聞いていればよい」と言っていたにもかかわらず、自分の親の介護は自分に任せきりであったことやBは大学まで出してもらったのに、自分は高校までしかいけなかったことなどに納得ができないでいるという。また、BはAの介護について何もしないのに、「どこの介護業者か。いくらかかるんだ」と口うるさく言うので、CはそんなBと顔を合わせるのが嫌になり、Bを邪険に扱ってしまったことを後悔していることを話していた。

　Y弁護士は、Cに対して、裁判所の調停では、相続財産とその価額等を決め、法的に誰がどれだけ相続する権利があるかを話し合う

3　調停の代理に関する事例を考える　　159

ことになるが、その話合いは別々に行われることが多いので、Cの気持ちを直接Bに伝える機会は無いかもしれないことを説明した。Y弁護士はCと相談し、Cの気持ちを書いた手紙をBに読んでもらうようにX弁護士に渡すことにした。

一方、X弁護士は、BがなぜCに寄与分を認めることに対してそれ程強く反対するのかが気になっていた。Bの話によれば、Bが父の介護について自分にできることは無いかと尋ねると、Cは「私がやっているから、兄さんはお金を出してくれるだけでよい」などと言い、Bを寄せ付けなったので、父の最期を見とれなかったし、母の時も同じような状況であった。また、Aの葬儀で、Cが「兄さんは、いつも口ばっかりだ。お金も十分にくれなかったじゃないか」とののしったことや葬儀ではBが喪主であるにもかかわらず、実際はCが取り仕切っていたことが気に障っており、墓地の管理費用もBが支払っているにもかかわらず、Cは自分がすべてやっているように言うのに腹が立っていることなどを調停の場で話したかったが、途中で調停委員にさえぎられてしまった。

Y弁護士からCの手紙を受け取ったX弁護士は、その手紙をBに渡し、Bがその手紙を読んだ後に面談した。調停の場では、Cも自分と同じように言いたいことが言えないのではないかと思ったBは、次の調停期日までの間に、Cと直接話し合う場を設けて欲しいとX弁護士に告げた。

BとCは、X弁護士およびY弁護士同席のもと、直接その気持ちを伝えることで、一時は激しい口論になったが、お互いの気持ちがすっきりし、相手の気持ちを受け入れられる状況になり、次の調停期日では、合意に向かって前向きな話合いができた。

● 4 ● 事例からの学び

では、事例を通して調停の代理人とメディエーションの代理人の

違いをもう一度振り返ってみましょう。

　事例1のように民事事件は、証拠などをもとに調停は進められていきます。その中で、両当事者の主張の背景にある言動の奥にある気持ちに注意を払いながら、本人がどうしたいのか自分自身で決めることを支援していくのが代理人の大きな役割になるでしょう。

　例えば、**事例1**のように「相手の悪口」を攻め立てるような場合は、表面上、見えていることの背景に何があるのか、そこを鋭敏に察知して表面化させていくことになります。もし、この事例がメディエーションで行われれば、当事者同士が面と向かって、それぞれの事情と感情をぶつけることができるので、ストレートに相手方に伝わるでしょう。代理人は、そのような発言ができる場を作ることに神経を使います。

　また、**事例2**や**事例3**のように家事に関する事件では、民事の事例と同様に両当事者の主張の背景も重要ですが、家事事件の特徴として両当事者以外の周りの人との関係性も強く影響してきます。

　調停の場では、原則として両当事者以外の出席は認められませんので、両当事者にそれらの背景を語りやすいように、しかも、それが調停の流れの中で自然に出てくるような支援をすることが必要になります。

　わが国の調停は、メディエーションのように柔軟なプロセスで進行することはできないので、**事例2**のように民事と家事の事件が混在するような事件の場合、代理人もそこを見極め、当事者に今ここでは何を話す必要があり、それはどのような目的なのかということを共有化する必要が出てきます。

　また、**事例3**のような遺産分割事件では、調停の場は流れが決まっていますので、その流れに沿って当事者が話し合っていかなくてはなりません。流れに沿わない話が出てきたときのフォローアップが、調停の代理の大きな役割になることは、メディエーションの代理と似ているといえるかもしれません。

では、**事例2**および**事例3**のケースでメディエーションを実施した場合の代理について考えてみましょう。**事例2**では長男、**事例3**では両者の配偶者などの当事者以外の当事者が出席を希望する場合、代理人はその関係者の支援も必要になってきます。

　両当事者がメディエーションを選択する場合と同様、他の出席者にもメディエーションのねらいを理解した上で出席者自身の自己決定で出席し、両当事者がそれを了解することが必要になってくるからです。

　話合いに出席する人数が増えれば、それぞれが他の出席者から受ける影響はより複雑になります。当事者の影響力、そして代理人自身の影響力を考えること、そして、いかにメディエーションの場を支援し、フォローアップしていくかという支援計画を立てていくことが、メディエーションの代理人の大きな役割になってきます。

　さらに、**事例2**では、民事と家事が混在し、調停では一緒に扱えないのですが、メディエーションには、そのようなルールはありません（機関によって扱う紛争が限られる場合もあります）ので、メディエーションの場では同時に話し合うことができます。

　対話促進-問題解決モデル（ファシリテーティブ・モデル）では、メディエーターが、話し合う課題（イシュー）を選択する際に、すべての課題を網羅していくため、代理人は、両当事者がそれぞれの課題の関連性や違いについて説明するなどして、話しやすいように支援していく必要があります。

　一方、認知変容-自己決定モデル（トランスフォーマティブ・モデル）では、両当事者の話の流れをメディエーターがコントロールすることはありませんので、話が多様な方向に向かうことがあります。代理人は、当事者の様子を観察しながら、当事者が特に不安に思っていることや話し合いたいと思ったことなどが十分に話されているのか確認し、話合いの流れを邪魔することなく支援することが求められます。

調停とメディエーション（特に対話促進-問題解決モデル）では、対話を促進し、当事者の主体的な解決を目指すという点では似ているところもある一方で、調停とメディエーションで違う面もあります。調停とメディエーションの特徴とよく理解し、それぞれを活用していくことが望まれますが、それは代理人となる際にも同じことが言えます。

　弁護士や司法書士に、もっとメディエーションについて興味を持っていただければ、調停もメディエーションもさらに活用できると思います。

●5● メディエーションの代理計画（対話促進-問題解決モデル）

　本章の冒頭にも書きましたが、わが国では調停の代理やメディエーションの代理のあり方については、まだ十分な議論や研究がされていないのが実情です。しかし、調停やメディエーションの代理についての何らかの体系的な研究や実践の報告がないわけではありません。末尾に参考図書として掲載した「MEDIATION REPRESENTATION」SECOND EDITION は、その代表的な著作の1つで、早稲田大学の和田仁孝教授も賛同のコメントを寄せています。

　ここでは、この著作の詳細を紹介することはできませんので、要旨を抜粋して紹介したいと思います。なお、ここでの「メディエーション」は対話促進-問題解決モデル（ファシリテーティブ・モデル）のメディエーションであることを前提としていますので、わが国で言えば、代理人の役割としては調停の代理にかなり近い部分もあると考えていいのではないかと思います。認知変容-自己決定モデルのメディエーションの代理についての著作等については確認ができていません。

(1) メディエーションの代理の三角形

まず、メディエーションの代理には、重要な3つの側面があります。それは、「交渉の準備をする」「メディエーターの援助を得る」「代理計画」の3つです。

「交渉の準備をする」というのは、問題解決志向で交渉に臨むのか主張や立場に固執して交渉に臨むのかということです。重要なのは、どのモデルで臨むのかということで、それによって始め方や交渉の戦略、そして結果が変わってくるからです。

2番目は、「メディエーターの援助を得る」ことです。メディエーションの場で、メディエーターの技術が実際にどのように使われるのかを知る必要があります。それを知ることは、自分の依頼者の代理をどのようにするかに深い影響を与えるからです。そして、依頼者の抱える紛争を適切に解決するためには、メディエーションの場でなくとも、代理人はメディエーターが使うような技術を使うべきなのです。

3番目は、メディエーションの代理の三角形の基礎となる「代理計画」です。

効果的な代理のためには、代理人が、メディエーターの援助を得て、交渉のアプローチや方法を考えていきながら、首尾一貫した計画を進める必要があります。

(2) 代理計画に必要なもの

代理計画には、3つの「I」が関わってきます。

まず、初めの「I」は、Interests（興味、関心）です。依頼者が本当に望むもの（興味、関心）とは何かという視点で紛争を見ると、そのためには何ができるのかということなどを考えるので、紛争の見方を劇的に変えることが可能です。すべての計画は、依頼者が本当に望んでいることである興味や関心について効果的に伝えるべきで、これは最低限必要なことなのです。

2番目の「I」は、Impediments（障害）です。どうしてメディエー

ションの場にいるのかを考えてみましょう。当事者同士の交渉を阻む何か（障害）があったから、メディエーションをしているのではありませんか。ということは、代理人として考えるべきことは、いかにその障害を乗り越えるかであり、そのためにどうようにメディエーターの援助を受けるのかという点に焦点を当てるべきなのです。

　3番目の「I」はInformation（情報）です。情報を共有することは、より良い解決方法を見つけやすくなるばかりでなく、当事者双方がお互いの興味、関心は何かということや何が障害になっているのかということを理解しやすくするのです。しかし、情報を共有するということは、利用されるというリスクもはらんでいます。相手方が、どれがこちらにとって重要な情報であるのかを知っていると、それを高く売りつけてくるかもしれません。どの情報を共有して、相手方からはどの情報を引き出すか考えるときには、この点についても考えを及ぼす必要があります。

(3) 6つの重要な役割

　メディエーションの代理の要素と代理計画を考える上で重要なポイントについて確認しました。ここからは、メディエーションの代理人として、メディエーションの中で特にその役割が重要となる6つの状況について紹介します。

① メディエーターの選択

　依頼者の抱える問題を解決する方法として選択する場合、代理人としては、まず、メディエーターが受けたトレーニングやメディエーターの問題解決に対する方針、経験について、自分の依頼者の問題解決に有効なのかを調査するべきです。それが分かれば、次は紛争に適したメディエーターを選択するべきです。適しているかどうかを知るためには、メディエーターがメディエーションにどのようなアプローチで臨むのかが分かると、代理人としてどのようにすればいいのかが見えてきます。

　また、メディエーションを選択する際には、依頼者にメディエー

ションの目的とプロセスについて、依頼者の役割、代理人の役割（訴訟との違い）などについて十分に説明しなくてはなりません。そして、どのメディエーターが良いのかを検討する際には、依頼者の本当の意味での興味や関心を知っていなければなりませんから、興味や関心、それを実現するための障害などについてよく聴くことが重要です。

② メディエーション前の提案の準備

依頼者が、メディエーションを行うことに同意したら、メディエーションを利用することを相手方の弁護士に提案する必要があります。その際には、どうしてそのケースがメディエーションを利用するのに適しているかを説明し、メディエーションを利用することの同意を得るための準備をしなくてはなりません。

一般的に、弁護士はメディエーションをしようと他の弁護士に言いたくないものです。何か弱みがあるに違いない、十分に勝てるなら、なぜ訴訟をしないのかと思われるからです。

メディエーションについての事前の合意があったり、第三者機関のあっせんによる場合は別にして、直接、説得しなくてはならない場合は、メディエーションは和解を義務にするものではないことを説明し、プロセスが強制されておらず、依頼者が失うものは少なく多くの物を得るメディエーションの利点を素直に強調します。

③ メディエーション前の打合せへの参加

メディエーションが始まる前の段階では、メディエーターがどの程度助けになるのか、相手方やメディエーターと安全に共有できる情報は何かを考えます。メディエーション開始前の打合せは、通常は双方の弁護士とメディエーターによるものですが、メディエーション開始前にメディエーターと相手方に提案がなされる場合があります。

④ 代理人がメディエーションで最初に話す言葉

メディエーションが始まるときに、冒頭にどのように話すかを考

える場合、話合いをどのように生産的に始めるかを考えます。交渉の計画がどんなものか、メディエーターがどんなに助けになるかを見せることで、依頼者の興味、関心を満たし、障害を乗り越えるための土台を作ることができるのです。

⑤ 同席での話合い・⑥別席での話合い

⑤と⑥は、まとめて説明します。話合いの計画を立てるときには、全員が一堂に会する同席の場と、依頼者とメディエーターだけで話をする別席の場のどちらで交渉するのかについても考えておく必要があります。この選択は、依頼者の興味、関心を満足させるにはどんなことが最善であるか、障害を乗り越えるにはどんなことが最善であるかによって影響されるでしょう。というのは、最善であるためには、メディエーターがどの程度役に立つかや情報を相手方とも共有したいのか、それともメディエーターとだけ共有したいのかということも関係するからです。

(4) 交渉のアプローチ

メディエーションの場も、メディエーターを介したひとつの交渉の場であるともいえるので、そこでの代理人の交渉のアプローチを2つに分類することができます。2つのアプローチでは、話合いの目的や合意の方法が違いますので、Positional Approach と Problem-Solving Approach での代理計画は異なったものになります。

① **Positional Approach**

立場・主張にこだわる交渉の場で使われる方法で、多くの弁護士が好む方法です。このアプローチの考え方の概略は以下のとおりです。

まず、その紛争が分け合うことができるものなのか、どちらかがすべてを取るしかないものなのかを考えます。そして、1つだけの問題の解決で、何かを交換するようなことは考えられないかを考えます。また、紛争は特定の論点に構造化し、相手方を競争で争っている敵のように考えることです。

代理人の役割は、依頼者の立場や主張を代弁することであり、相手方の事情には無関心であるべきです。そして、情報を戦略的に利用し、より多くの物を勝ち取ることを考える方法です。

② Problem-Solving Approach

本当の興味、関心について解決するための交渉の場において使われる方法です。このアプローチの考え方の概略は以下のとおりです。

問題を広く見ます。そうすることで、本当の興味や関心を探り当てることができます。

そして、相手方を敵と見るのではなく、一緒に問題を解決しようとしている仲間だと思うことです。紛争を限りあるものを分け合うものだと考えるのではなく、本当に解決した興味や関心を明らかにすることで、問題解決のための資源を増やすことができます。そうすることによって、双方が利益を得るか、少なくとも一方の利益を損なわずに他方の利益を得ることが可能になるのです。

法的な権利とか、責任、判例などの法的なものでないところでの解決方法を探すのです。そして、相手方とも効果的にコミュニケーションをとり、情報交換をするのですが、早い段階で交渉を始めてはいけません。関係性を重視して、相手方の見通しや興味、優先順位を知ろうとします。大きな気持ちで、相手方の興味、関心に注意を払いながら、解決方法を探すのです。

●6● 調停の代理人の養成

これまで見たとおり、調停の代理人には、訴訟の代理人とは異なることが要求されています。しかし、そのような代理人の養成については、これまでのところ、ほとんどなされていません。そこで、ここでは、どのような内容のトレーニングが必要なのかを考えてみます。

民事調停事件は、弁護士と一部の事件につき認定司法書士のみが

代理人となれることが法律で規定されています。また、家事調停事件は弁護士のみが代理人になることができます。この点から見ると、法的思考に関する訓練については十分な人たちが代理人になるので問題はないのですが、調停の代理人にはコミュニケーションの訓練も必要であることを考えると、これらの専門家は、そのような特別なトレーニングを一部を除き受けていないのが普通です。このような状況で本当の意味で調停の目的を達成することができるのでしょうか。

　調停の目的を果たすためには、調停委員だけでなく、代理人に関しても、コミュニケーションのトレーニングを受け、しっかりした技能を持った法律の専門家、あるいは法的な思考について十分な訓練を受けたコミュニケーションの技能を持つ専門家の養成が必要です。

　民事調停と家事調停では、その事件の性質や当事者の状況も異なりますから、民事、家事それぞれの現場に応じた養成システムが必要なのかもしれません。

　現在、一部のADR機関や研究者などが、紛争解決の場におけるコミュニケーションのトレーニングは実施しているようですが、その理念や内容に統一性はなく、実施者ごとに工夫している状況です。

　その内容は、よく聴くことや伝えること、その効果を実際に体験し、ロールプレイなどで試してみるなどの内容が多いのかと思いますが、このような参加型のトレーニングは、一度に多くの人数が受講できないという欠点もあります。また、現在、行われているものは、メディエーターの養成としてのトレーニングなのですが、代理人という立場でも、理解すべきことや行うことに大きな違いは無いので、メディエーションの基礎的な理解や役割という点ではそのプログラムは大きく変わらないのではないかと思われます。代理人にはメディエーションの基礎的なトレーニングに加えて、それぞれの場面での代理人としての役割や、その時にどういう方法をとれるの

6　調停の代理人の養成　　*169*

かなど実務に即したトレーニングが付加されることが必要です。実際英国などでは、メディエーションの基礎トレーニングはメディエーターになろうとする人も代理人になろうとする人も一緒に受け、最期の数日のプログラムがそれぞれの実務に即して異なるというプログラムを提供している団体もあります。

　民事調停委員、家事調停委員、民事調停の代理人、家事調停の代理人などに対する、それぞれの方法や理念を実務的に理解することに加え、さらに代理人としての系統立ったトレーニングプログラムの開発と実施が待たれるところです。

•7• メディエーションの代理人の養成

　メディエーションの代理人の養成は、基本的にはメディエーターの養成と同様に考えてもいいかと思います。このことは、訴訟、調停についても同じなのでしょうが、メディエーションに関しては、特にメディエーターと代理人が協力し合う関係になるので、基本的な部分は同じトレーニングで養成できると考えられます。そして、メディエーションの代理人としての更なるプログラムが必要になるのです。

　その場合の方向性などは以下のようにまとめられます。これは、対話促進-問題解決モデルのメディエーションの代理人の例ですが、訴訟の代理人の方向性などと比較すると分かりやすいかもしれません。

＜**方向性**＞
　　○効果的なコミュニケーションを促進し情報を交換する。
　　○相手方の視点や大切にしていることに心を開き、解決策を見つけ出す。
　　○代理人から戦略や解決策を提示することを急がない。
　　○問題を広く総合的にとらえ、当事者にとって意味合いを高め

るような点を探す。
　　○法的な枠組みの外にある建設的な視点を探す。
＜気持ちの準備＞
　　○ポジティブな気持ちになれるように前向きな姿勢をつくる。
＜建設的な解決策を探す＞
　　○訴訟では実現できないような独創的な解決策を探す。
　　○依頼者の大事にしていること、基準そして最終的な決定にもとづいた筋の通った解決策であること。

　最後に、メディエーション（対話促進-問題解決モデル）の代理人として考えなければならないことをリストに挙げてみます。
　　○どんなケースがメディエーションに向いているか。
　　○相手方の代理人にメディエーションの利用について、どうやって提案するか。
　　○メディエーションをすると決めるまでにしなければいけないことは何か。
　　○どのような資格や経験をもつメディエーターを選択するか。
　　○メディエーションに入る前には何をしておくか。
　　○メディエーションが開始したあと、どのような情報が必要か。
　　○メディエーション代理計画をどのように進めていくか。
　　○依頼者がどのようにメディエーションの準備をしていくか。
　　○依頼者が今困難に感じている事を解消し、一番大切にしている事を一歩進めるために、メディエーションをどのように進めるか。
　　○メディエーター、相手方と共有する情報は何か。
　　○依頼者の法的問題を決定する方法や順序をどのように考えるか。
　　○敵対関係にある人をどのように対話促進-問題解決に向かわせ、メディエーションに賛同してもらうようにするのか。

○創造的で継続性のある解決をどのように形づくっていくのか。
○相手方の結論をどのように知りうるのか。
○メディエーションをどのように終えたいのか。

　メディエーターおよびメディエーションの代理人の養成の仕組みは現時点では整っていませんが、10年後、20年後にわが国でメディエーションが十分に活用されるようになるためには、人材の育成は欠かせないものです。
　そのためには、法律の知識もコミュニケーションの技能も必須です。また、法的紛争の解決以外の場面でもメディエーションは活用されるべきであり、そのような取り組みも医療、介護、教育などの分野では見え始めています。

参考：HAROLD I. ABRAMSON「MEDIATION REPRESENTATION」
　　　SECOND EDITION OXFORD UNIVERSITY PRESS（2011年）

Q & A

Q: 話合いの中で、相手側から自分のクライアントについての知らなかった事実が話されました。そのとき代理人としてどうしたらよいですか？

A: 田中圭子

　その場で依頼人に対して「どうして言ってくれなかったのか」と、依頼人に対して不信感を抱いてしまうこともあるかもしれません。あるいは、自分の聴き方がいけなかったのかと思うこともあるかもしれません。依頼人がなぜ代理人に話ができなかったのかを考える必要があります。話しにくい内容で話し出すきかっけをつかめなかったり、もし代理人にこんなことを話してしまったら自分の味方になってくれなくなるのではと心配していたのかもしれません。

　メディエーター、相手方がすべてが揃った話合いの場で、代理人が今まで聞かされていなかった事について依頼人がどのように考えているのかを問いただすことは非常に難しい状況であることは間違いありません。

　その場の流れにより、依頼人本人がその事実について自分で話しているのであればそこは流れに任せることも必要になりますが、本人が相手方の主張に戸惑っているような場合は、1度話合いの中断を申し出て、改めてふたりで話す時間を持つことも工夫の1つと考えます。

A: 安藤信明

　どうして依頼人は、すべてを語らなかったのでしょうか。代理人自身の態度に何か不十分な点はなかったのでしょうか。あるいは依頼人に何か話したくない事情があったのでしょうか。自分と依頼人の間のメディエーションを心の中でしてみてはいかがでしょうか。

Q: メディエーターが代理人を無視し、当事者と話を始めたとき、ど

Q&A　173

のようにしたらよいですか？

A: 田中圭子

　メディエーションはあくまでも当事者が主役です。メディエーターに質問などされたときの様子をまずは観察しましょう。当事者が戸惑っていたり、不安そうにしているとき、どの理論のメディエーションを進めているかを考え、その方法に従って支援をしましょう。

　しかし、メディエーターが約束した方法を逸脱していて、当事者がそのことについて話しづらそうにしているときは、当事者にかわってメディエーターに「今後の進め方」について質問することも必要です。これは「あなたの方法は間違っている！　本来の方法はこういうものだ！」と批判的になる必要があるというのではありません。メディエーションの代理になるということは、その方法に沿って代理も行われないと当事者が戸惑います。

　例えば、対話促進−問題解決モデル（ファシリテーティブ・モデル）では「私たちはXXのメディエーションを申し込んだのですが、今の進め方は少し違うように思います。どういう意図があるのか教えていただけませんか？」と質問することになるでしょうし、認知変容−自己決定モデル（トランスフォーマティブ・モデル）では「私からみると○○さんが進め方に関して少し戸惑っているように思えるのですが、今後どのように進められますか？」といったリフレクションとチェックインの方法でメディエーターに確認をとりましょう。

A: 安藤信明

　メディエーターの意図はどこにあるのでしょうか。メディエーターが当事者と話すことは、悪いことではないと思いますが、その内容と状況によります。当事者に詰問調に何かを問いただしているのであれば、それはメディエーションの方法とは言えないでしょうから、代理人として介入してメディエーターの意図を確認なりすることが必要ではないかと思います。

Q: メディエーションの場で、当事者が自分との打ち合わせ内容と違うことを話し始めました。そのようなときは、どうしたらよいですか？

A: 田中圭子

　代理人として信頼も得て、時間もかけてきたはずなのに、いきなり当事者が違うことを言い始めると代理人としてはびっくりもしますし、どうしようかと迷うこともあるかと思います。

　そこで「違うことを言わないようにしてください」とか、当事者の発言を制止すると当事者の参加意欲は一気に下がるでしょう。しかし、当事者がその場で話し始めたのか、その場で、その背景を聞くことは流れとしてできないこともあるかもしれません。

　当事者が自分で解決しようとして、必要なことを話しているのであれば、その場で止める必要はありません。しかし、例えば、当事者が自分の主張をしている中で、代理人の顔を気にしていたり、ばつが悪そうにしていることがあります。そのような場合、本来は、メディエーターからしかるべき支援があると思うのですが、タイミング的に遅れるような場合は代理人から選択しているメディエーションの理論に従った方法で介入していくことが必要になります。

A: 安藤信明

　当事者がその発言をした裏には、どのようなことが影響していたのでしょうか。相手方の代理人やメディエーターの発言でしょうか。それとも、代理人であるあなた自身の発言や態度でしょうか。どちらが本当のことなのでしょうか。確認すべきことはたくさんあるように思いますが、その場では、ひとまず、すべて受け止めることが必要でしょう。代理人の動揺は当事者にも伝わります。たとえ内心動揺していたとしても平静を装いましょう。

Q: 当事者が感情的に高ぶり、調停室（メディエーションルーム）で泣き出したり、怒り出したりしたとき、代理人としてどのようにす

Q&A

ればよいですか？

A: 田中圭子

　話合いの流れにそって、理論にそった方法でメディエーターが何らかの介入をしてくるはずです。まずは慌てず、メディエーターの介入を一旦待ちましょう。しかし、あまりにも当事者が取り乱したり、危険を伴う場合は代理人として理論に沿った方法で介入します。その際は、時間的にも精神的にも当事者にとって一番の支えとなっているのは代理人であることの自信をもって、介入していただくことが全体の場を落ち着かせる方法だと思います。

A: 安藤信明

　何か声をかけることもよいと思いますが、なんと言ったらよいのか、分からないこともあります。そんなときは、そばに居て顔を見たり、できれば肩や腕に触るなどすると落ち着きを取り戻すこともあります。本人がけがをしたり、誰かにけがをさせる可能性があれば、一旦外に連れていくことも必要です。

Q: 当事者の家族が当事者にプレッシャーをかけているなど、解決に協力的でないとき、代理人として何をすればよいですか？

A: 田中圭子

　メディエーションの代理人にとって一番大切なことは、本人が自分で決めることに対して何が必要で代理人として何ができるのかということです。もしかすると、ケースマネジメントの時点で話に出なかったことが、両者の話合いを通す中でいろいろ見えて来ているサインなのかもしれません。メディエーションの場合、当事者以外が話合いに必要だと考え、両当事者の了承が得られれば話合いに参加することもできます。依頼人に意向を確認し、話合いに家族が参加、あるいは当事者と家族の別のメディエーションをセッティングするなど、方法を工夫することが最終的には依頼人の支援の1つになります。

A: 安藤信明

　当事者と家族の間で利益が相反する場合もありますし、利害関係はないが感情的なものがあり、協力的でないのかもしれません。あるいは、その家族は協力しているつもりでも、結果的にそうなっていないことも考えられます。代理人としては、その辺の事情を確認する必要があるでしょう。

　ただ、家族には長い歴史があります。何年も何十年も前の話が突然出てきたりしますので、そう簡単に何かが変わることはないかもしれません。

　当事者の解決したい問題あるいは困っていることは何なのかを再度確認することから始めることも考えられます。

事 項 索 引

あ行

アクティブ・リスニング…………67
言い換え…………………………72
イシュー…………………………73
医療メディエーター……………40
ADR法……………………………40
エンパワメント…………………26
エンパワメントシフト……25,26,27,148
オープニング……………………74

か行

介護メディエーター…………40,51
カウンセリング…………………6
家事調停…………………………4
課題（Issue）の設定……………23
関係性の再認知…………………28
疑問詞を使った質問……………73
グランドルール………………24,29,70
繰り返し…………………………71
ケースマネージャー…………15,22
ケースマネジメント……9,10,18,30
コンフリクトマップ…………16,22

さ行

裁判外紛争解決手続の利用の促進に
　関する法律……………………40
債務名義…………………………19
サインポスティングイベント…29
サマリー………………………33,36,75
自己決定………………………6,12
執行力……………………………9,19
質問……………………………24,39,73
スーパービジョン………………132

た行

ステージ…………………………21
相互影響作用……………………25
相互作用…………………………28

対話促進-問題解決モデル
　（ファシリテーティブ・モデル）
　…………………………20,35,70,147
　――のメディエーションの代理人
　…………………………………147
チェックイン…………………33,36,76
調停委員………………………5,12
調停調書…………………………8
調停の代理………………………151
調停の代理人……………………145
沈黙……………………………44,75
同席………………………………9
閉じた質問………………………73
トランスフォーマティブ・モデル……44
トレーニング……………………43

な行

ナラティブ（物語の再構築）・モデル
　…………………………………37
人間関係の修復…………………4
認知の変容………………………25
認知変容-自己決定モデル
　（トランスフォーマティブ・モデル）
　…………………20,25,35,44,74,147
　――のメディエーションの代理人
　…………………………………148

は行

ピアメディエーション……………………52
非言語………………………………………11
開かれた質問………………………………73
ブレーンストーミング…………24, 47, 74
ペーシング…………………………………67

ま行

民事調停……………………………………4
メディエーション………………………4, 7
　──の代理………………………………151
　──の代理計画…………………………163
メディエーター………………11, 21, 22, 62

や行

要約…………………………………………73
ヨーロッパ・メディエーターの
　行動規範………………………………78

ら行

リアリティチェック………………………25
リコグニション……………………………28
リコグニションシフト……25, 26, 27, 148
リフレイミング………………………24, 72
リフレクション………………………32, 74

欧文

Co-mediator ………………………… 125
Interest ……………………………… 22, 23
Needs ………………………………… 22, 23
Position ……………………………… 22, 23
Positional Approach ………………… 167
Problem-Solving Approach ………… 167

179

【監　修】
和田　仁孝（わだ・よしたか）
　現職　早稲田大学法学学術院教授、法学博士（京都大学）
　　昭和 54 年　京都大学法学部卒業
　　昭和 61 年　京都大学大学院法学研究科修了
　　（この間、昭和 57 年～昭和 59 年ハーバード・ロー・スクール研究員）
　　昭和 63 年　九州大学法学部助教授
　　平成 8 年　九州大学法学部教授
　　平成 16 年より現職
　　日本学術会議連携会員、日本法社会学会理事、日本医療メディエーター協会代表理事

　著書：『民事紛争処理論』（単著）〔信山社・1994〕
　　　　『医療メディエーション：コンフリクトマネジメントへのナラティブアプローチ』（中西淑美との共著）〔シーニュ・2011〕ほか

【執筆者】
安藤　信明（あんどう・のぶあき）
　現職　司法書士
　　昭和 61 年　中央大学法学部政治学科卒業
　　平成 7 年　司法書士試験合格
　　平成 16 年　簡裁訴訟代理等関係業務認定
　経歴　東京司法書士会理事、同常任理事、同調停センター「すてっき」センター長、日本司法書士会連合会理事、同常任理事、法と教育学会理事、NPO 法人日本メディエーションセンター事務局長など
　　平成 8 年より現職
　　一般社団法人メディエーターズ代表理事、公益社団法人日本仲裁人協会理事、司法書士試験委員、日本司法書士会連合会司法書士総合研究所所長

　著書：日本司法書士会連合会「司法書士 ADR 実践の手引」（共同執筆）〔新日本法規・2006〕
　　　　加藤新太郎編「実践 NAVI　司法書士の法律相談」（第 2 編第 1 章から同 3 章・第 3 編第 6 章執筆）〔第一法規・2014〕ほか

田中　圭子（たなか・けいこ）
　現職　メディエーター
　　平成 2 年　清泉女子大学文学部英文学科卒業
　　消費生活アドバイザー、消費生活専門相談員、産業カウンセラー、損保会社勤務後、国民生活センター（非常勤）等に勤務
　経歴　社団法人消費生活アドバイザー・コンサルタント協会消費生活研究所研究員、電子商取引推進協議会（ECOM）ADR プロジェクト研究員、（財）法律扶助協会理事、NPO 法人日本メディエーションセンター代表理事、（財）日本規格協会裁判外紛争処理システム規格化 TF 委員（平成 17 年）、ADR・仲裁法学会理事（平成 19 年～平成 25 年）、金融庁金融 ADR 制度のフォローアップに関する有識者会議（平成 24 年）など
　　平成 25 年より現職
　　一般社団法人メディエーターズ代表理事、保険オンブズマン運営委員、短期小額保険協会運営委員、神奈川大学大学院法学研究科非常勤講師

　著書：「聴く力　伝える技術　人間関係の誤解を解くメディエーションの極意」（単著）〔日本加除出版・2012〕
　　　　「日本版金融オンブズマンへの構想：認定投資者保護団体制度を生かす道」（犬飼重仁との共著）〔Lexis Nexis・2007〕ほか

調停にかかわる人にも役立つメディエーション入門

2015（平成27）年6月30日　初版1刷発行

監修者	和田仁孝
著者	安藤信明
	田中圭子
発行者	鯉渕友南
発行所	株式会社 弘文堂　101-0062 東京都千代田区神田駿河台1の7 TEL 03(3294)4801　振替 00120-6-53909 http://www.koubundou.co.jp
装幀	青山修作
印刷	三報社印刷
製本	井上製本所

©2015　Printed in Japan

[JCOPY] <（社）出版者著作権管理機構　委託出版物>
本書の無断複写は著作権法上での例外を除き禁じられています。複写される場合は、そのつど事前に、（社）出版者著作権管理機構（電話03-3513-6969、FAX 03-3513-6979、e-mail: info@jcopy.or.jp）の許諾を得てください。
また本書を代行業者等の第三者に依頼してスキャンやデジタル化することは、たとえ個人や家族内での利用であっても一切認められておりません。

ISBN978-4-335-35601-8

| 弘文堂プレップ法学 | これから法律学にチャレンジする人のために、覚えておかなければならない知識、法律学独特の議論の仕方や学び方のコツなどを盛り込んだ、新しいタイプの"入門の入門"書。 |

プレップ 法学を学ぶ前に	道垣内弘人
プレップ 法と法学	倉沢康一郎
プレップ 憲法	戸松秀典
プレップ 憲法訴訟	戸松秀典
プレップ 民法	米倉　明
*プレップ 家族法	前田陽一
プレップ 刑法	町野　朔
プレップ 行政法	高木　光
プレップ 環境法	北村喜宣
プレップ 租税法	佐藤英明
プレップ 商法	木内宜彦
プレップ 会社法	奥島孝康
プレップ 手形法	木内宜彦
プレップ 新民事訴訟法	小島武司
プレップ 破産法	徳田和幸
*プレップ 刑事訴訟法	酒巻　匡
プレップ 労働法	森戸英幸
*プレップ 知的財産法	小泉直樹
プレップ 国際私法	神前　禎

＊印未刊